FRUCHT DES GEISTES

Übungsbuch

Frucht des Geistes - Übungsbuch

Alle Rechte vorbehalten. Durch den Kauf dieses Übungsbuchs darf der Käufer die Übungsblätter nur für den persönlichen Gebrauch und den Unterricht, jedoch nicht für den kommerziellen Weiterverkauf kopieren. Mit Ausnahme der oben genannten Bestimmungen darf dieses Übungsbuch ohne schriftliche Genehmigung des Herausgebers weder ganz noch teilweise in irgendeiner Weise reproduziert werden.

Bible Pathway Adventures® ist eine Marke von BPA Publishing Ltd.

ISBN: 978-1-989961-52-0

Autor: Pip Reid
Kreativdirektor: Curtis Reid
Übersetzer: Daniel Friedrich
Lektorat: Sonja Röder

Für kostenlose Bibelmaterialien und Lehrerpakete mit Malvorlagen, Arbeitsblättern, Quizfragen und mehr besuchen Sie unsere Website unter:

shop.biblepathwayadventures.com

◇ EINFÜHRUNG ◇

Freuen Sie sich darauf, Ihren Kindern etwas über die Bibel beizubringen - mit unserem *Übungsbuch „Die Frucht des Geistes"*. Es ist vollgepackt mit detaillierten Unterrichtsplänen, Malvorlagen, lustigen Arbeitsblättern und Rätseln, die Pädagogen wie Ihnen helfen, Kindern einen biblischen Glauben zu vermitteln. Außerdem enthält es Bibelstellenangaben („Schlachter-Bibel") zum einfachen Nachschlagen von Bibelversen und einen praktischen Lösungsschlüssel für Lehrer und Eltern.

Bible Pathway Adventures hilft Pädagogen, Kindern den biblischen Glauben auf spielerische und kreative Weise zu vermitteln. Wir tun dies mit unseren Übungsbüchern und kostenlosen, druckbaren Rätselseiten - verfügbar auf unserer Website: www.biblepathwayadventures.com

Vielen Dank, dass Sie dieses Übungsbuch erworben haben und unseren Dienst unterstützen. Jedes gekaufte Buch hilft uns, unsere Arbeit fortzusetzen und Familien und Missionen auf der ganzen Welt kostenlose Klassenzimmerpakete und Ressourcen zum Bibelstudium zur Verfügung zu stellen.

Die Suche nach der Wahrheit macht mehr Spaß als die Tradition!

◆◇ INHALTSVERZEICHNIS ◇◆

Einführung 3
Früchte des Nahen Ostens 8
Dieses Buch gehört… 9

Lektion 1: Liebe 10
Arbeitsblatt: Lückentext 12
Bibel-Quiz: Der barmherzige Samariter 13
Bibel-Wortsuche: Der barmherzige Samariter 14
Labyrinth: Der barmherzige Samariter 15
Arbeitsblatt „Zeitung": Jericho Kurier 16
Malvorlage: Wenn du Mich liebst… 17
Arbeitsblatt: Was trugen die Israeliten? 18
Arbeitsblatt: Ruth 19
Malvorlage: Lasst alles in Liebe geschehen 20
Kreatives Schreiben: Wenn du Mich liebst… 21

Lektion 2: Freude 22
Arbeitsblatt: Lückentext 24
Bibel-Quiz: Paulus & Silas im Gefängnis 25
Bibel-Wortsuche: Paulus & Silas im Gefängnis 26
Karte: Das Römische Reich 27
Bibel-Worträtsel: Warum hat sich der Kerkermeister aus Philippi gefreut? 28
Arbeitsblatt: Freudiges Fest 29
Malvorlage: Freue dich 30
Arbeitsblatt: Der verlorene Sohn 31
Malvorlage: Freude 32
Kreatives Schreiben: Freut euch 33

Lektion 3: Frieden 34
Arbeitsblatt: Lückentext 36
Bibel-Quiz: Daniel und die Löwen 37
Bibel-Wortsuche: Daniel und die Löwen 38
Arbeitsblatt: Schreibe deinen Namen in Keilschrift 39
Arbeitsblatt: In der Löwengrube 40
Malvorlage: Großer Frieden 41

Arbeitsblatt: Frieden ... 42
Bibelvers-Rätsel: Wer hat großen Frieden? ... 43
Malvorlage: Frieden ... 44
Kreatives Schreiben: Vollkommener Frieden ... 45

Lektion 4: Geduld ... 46
Arbeitsblatt: Lückentext ... 48
Bibel-Quiz: Joseph ... 49
Bibel-Wortsuche: Joseph in Ägypten ... 50
Malvorlage: Geduld ... 51
Arbeitsblatt zum Verstehen: Träume im alten Ägypten ... 52
Arbeitsblatt: Geduld ... 54
Malvorlage: Frucht des Geistes ... 55
Malvorlage: Geduld ... 56
Kreatives Schreiben: Geduld ... 57

Lektion 5: Freundlichkeit ... 58
Arbeitsblatt: Lückentext ... 60
Bibel-Quiz: Der gelähmte Mann ... 61
Bibel-Wortsuche: Heilung eines Gelähmten ... 62
Arbeitsblatt „Zeitung": Kapernaumer Allgemeine Zeitung ... 63
Karte: Das Land Israel ... 64
Malvorlage: Davids Freundlichkeit ... 65
Arbeitsblatt: Freundlichkeit ... 66
Malvorlage/ Quiz: Die Freundlichkeit des Boas ... 67
Arbeitsblatt: Lasst uns freundlich sein ... 68
Kreatives Schreiben: Freundlichkeit ... 69

Lektion 6: Güte ... 70
Arbeitsblatt: Lückentext ... 72
Bibel-Quiz: König Josia ... 73
Bibel-Wortsuche: König Josia ... 74
Arbeitsblatt zum Verständnis: Höhenheiligtümer ... 75
Bibel-Aktivität: Das erste Pessach-Fest ... 76
Malvorlage: Hiskia ... 77
Arbeitsblatt: Güte ... 78
Worträtsel: Wer ist gut? ... 79
Malvorlage: Güte ... 80
Kreatives Schreiben: Güte ... 81

Lektion 7: Treue 82
Arbeitsblatt: Lückentext 84
Bibel-Quiz: Abraham 85
Bibel-Wortsuche: Treue 86
Bibel-Aktivität: Abrahams Reise 87
Karte: Abrahams Reise 88
Malvorlage: Treue Freunde 89
Arbeitsblatt: Treue 90
Malvorlage/ Quiz: Davids Treue 91
Malvorlage: Treue 92
Kreatives Schreiben: Treue wird belohnt 93

Lektion 8: Sanftmut 94
Arbeitsblatt: Lückentext 96
Bibel-Quiz: Mirjam und Aaron widersetzen sich Mose 97
Bibel-Wort-Suche: Sanftmut 98
Arbeitsblatt: Leben in der Wüste 99
Arbeitsblatt zum Verständnis: Die Stiftshütte 100
Arbeitsblatt: Mein Reisetagebuch 101
Malvorlage: Sanftmut 102
Arbeitsblatt: Mose 103
Malvorlage: Frucht des Geistes 104
Kreatives Schreiben: Sanftmut 105

Lektion 9: Selbstbeherrschung 106
Arbeitsblatt: Lückentext 108
Bibel-Quiz: David verschont das Leben von Saul 109
Bibel-Wortsuche: David verschont das Leben von Saul 110
Malvorlage: David & Saul 111
Arbeitsblatt zum Verständnis: König Saul 112
Arbeitsblatt: Selbstbeherrschung 113
Bibelvers-Rätsel: Hast du Selbstbeherrschung? 114
Arbeitsblatt: Selbstbeherrschung 115
Malvorlage: Selbstbeherrschung 116
Kreatives Schreiben: Selbstbeherrschung 117

Handwerk & Projekte

Bibel-Basteln: Ein Mobile basteln	119
Bibel-Basteln: Frucht des Geistes - Handpuppen	123
Bibel-Basteln: Einen Türhänger basteln	127
Bibel-Basteln: Einen Obstkorb basteln	133
Zertifikat: Freundlichkeit	141
Bibel-Aktivität: Karten-Sequenz „Frucht des Geistes"	143
Bibel-Basteln: Ein Lapbook basteln	147
Bibel-Basteln: Errate den Bibelvers	155
Banner: Liebe	159
Banner: Freude	161
Banner: Frieden	163
Banner: Geduld	165
Banner: Freundlichkeit	167
Banner: Güte	169
Banner: Treue	171
Banner: Sanftmut	173
Banner: Selbstbeherrschung	175
Lösungen	177
Entdecken Sie weitere Übungsbücher!	184

FRÜCHTE DES NAHEN OSTENS

Im alten Israel wuchsen viele verschiedene Arten von Früchten im ganzen Land. Aber Früchte waren für die Hebräer mehr als nur Nahrung - sie waren Symbole, die in ihrer Kultur, ihren Namen, Sprichwörtern, Bestimmungen und Traditionen vorkamen. Über diese Früchte gibt es in der Bibel viel zu lesen.

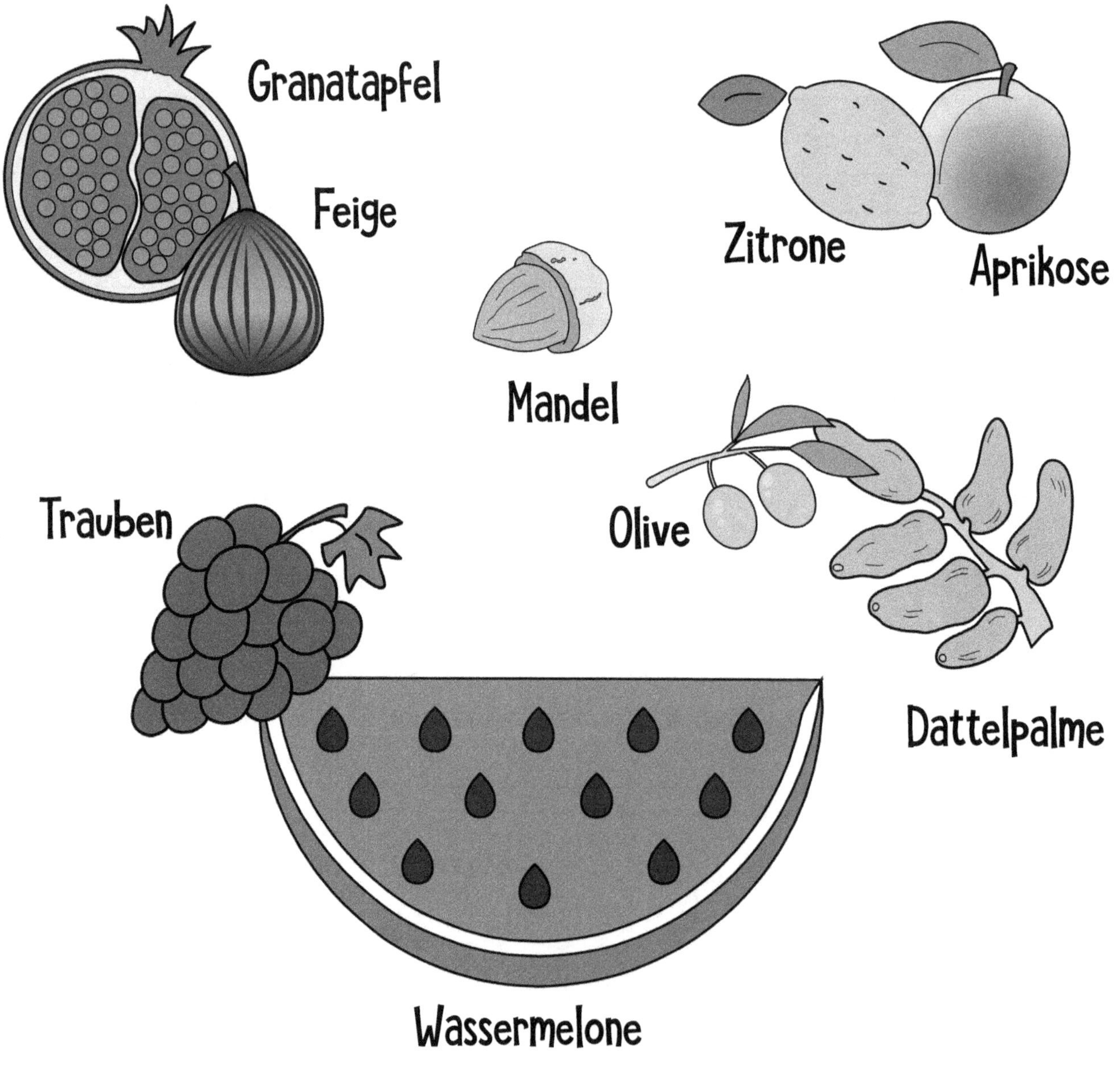

Granatapfel

Feige

Zitrone

Aprikose

Mandel

Trauben

Olive

Dattelpalme

Wassermelone

LEKTION 1 | Lektionsplan
Liebe

Lehrer/ in:_____

Die heutige Bibelstelle: Lukas 10,25-37

Willkommensgebet:
Beten Sie ein einfaches Gebet mit den Kindern, bevor Sie mit der Lektion beginnen.

Lektionsziele:
In dieser Lektion lernen die Kinder:
1. Ein biblisches Beispiel für Liebe
2. Liebe ist eine Handlung, kein Gefühl

Übersicht zur Bibelstunde:
Im Gleichnis vom barmherzigen Samariter war ein Mann auf dem Weg von Jerusalem nach Jericho. Einige Räuber umzingelten ihn, rissen ihm die Kleider vom Leib, schlugen ihn und ließen ihn zum Sterben allein auf dem Weg zurück. Ein Priester und ein Levit kamen vorbei, aber beide mieden den Mann und gingen weiter. Dann ging ein Samariter die Straße entlang. Er sah den verletzten Mann und wurde von Mitleid ergriffen. Er goss Wein und Olivenöl auf seine Wunden, setzte den Mann auf seinen Esel und brachte ihn zu einer Herberge. Als der Samariter am nächsten Tag abreiste, gab er dem Gastwirt zwei Denare. „Bitte kümmere dich um diesen verletzten Reisenden", sagte er. „Wenn du mehr Geld ausgeben musst, werde ich es dir zurückzahlen, wenn ich wiederkomme."

Wussten Sie schon?
Die Entfernung zwischen Jericho und Jerusalem beträgt 15 Meilen (24 Kilometer) mit einem Höhenunterschied von etwa 3400 Fuß (1060 Metern).

Rückblick:

Fragen, die Sie Ihren Schülern stellen können:

1. Schaue dir die Personen an: der Priester, der Levit, der Samariter und der Mann, der geschlagen wurde. Wer könnten diese Personen heute sein?
2. Beschreibe den Samariter.
3. Warum, glaubst du, sind der Priester und der Levit an dem verletzten Reisenden vorbeigegangen?
4. Wodurch hat der Samariter dem verletzten Reisenden Liebe gezeigt?
5. Welche Lektion kannst du aus diesem Gleichnis lernen?

Ein Vers fürs Gedächtnis, der Kindern hilft, sich an Gottes Wort zu erinnern:

„Du sollst den Herrn, deinen Gott, lieben mit deinem ganzen Herzen und mit deiner ganzen Seele und mit deiner ganzen Kraft und mit deinem ganzen Denken, und deinen Nächsten wie dich selbst!" (Lukas 10,27)

Aktivitäten:

Arbeitsblatt: Lückentext
Bibel-Quiz: Der barmherzige Samariter
Bibel-Wortsuche: Der barmherzige Samariter
Labyrinth: Der barmherzige Samariter
Arbeitsblatt „Zeitung": Jericho Kurier
Malvorlage: Wenn du Mich liebst...
Arbeitsblatt: Was trugen die Israeliten?
Arbeitsblatt: Ruth
Malvorlage: Lasst alles in Liebe geschehen
Kreatives Schreiben: Wenn du Mich liebst...
Bibel-Basteln: Ein Mobile basteln
Banner: Liebe

Schlussgebet:

Beenden Sie die Stunde mit einem kleinen Gebet.

DER BARMHERZIGE SAMARITER

Lies Lukas 10,29-37. Fülle die Lücken aus.

„Der Gesetzesgelehrte aber wollte sich selbst rechtfertigen und sprach zu Jeschua (Jesus): Und wer ist mein ....? Da erwiderte Jeschua und sprach: Es ging ein Mensch von .... nach Jericho hinab und fiel unter die ....; die zogen ihn aus und schlugen ihn und liefen davon und ließen ihn halbtot liegen, so wie er war. Es traf sich aber, dass ein Priester dieselbe Straße hinabzog; und als er ihn sah, ging er auf der anderen Seite vorüber. Ebenso kam auch ein ...., der in der Gegend war, sah ihn und ging auf der anderen Seite vorüber. Ein Samariter aber kam auf seiner Reise in seine Nähe, und als er ihn sah, hatte er ....; und er ging zu ihm hin, verband ihm die Wunden und goss Öl und Wein darauf, hob ihn auf sein eigenes ...., führte ihn in eine Herberge und pflegte ihn. Und am anderen Tag, als er fortzog, gab er dem Wirt zwei .... und sprach zu ihm: Verpflege ihn! Und was du mehr aufwendest, will ich dir bezahlen, wenn ich wiederkomme. Welcher von diesen Dreien ist deiner Meinung nach nun der Nächste dessen gewesen, der unter die Räuber gefallen ist? Er sprach: Der, welcher die .... an ihm geübt hat! Da sprach Jeschua zu ihm: So geh du hin und handle ebenso!"

NÄCHSTER ERBARMEN
JERUSALEM TIER
RÄUBER DENARE
LEVIT BARMHERZIGKEIT

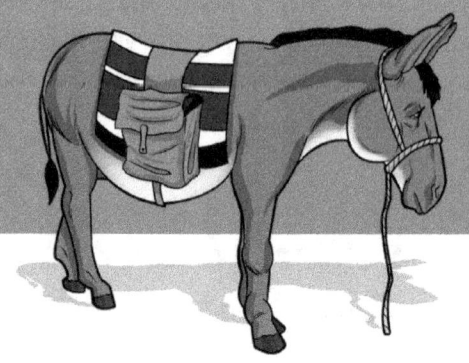

DER BARMHERZIGE SAMARITER

Lies Lukas 10,25-37.
Beantworte die folgenden Fragen.

1. Wer hat Jeschua (Jesus) gefragt, wie man das ewige Leben erbt? ....

2. Wie antwortete Jeschua diesem Mann in Lukas 10,27? ....

3. Wohin ging der Reisende in der Geschichte? ....

4. Was geschah mit dem Reisenden auf dieser Straße? ....

5. Wer war der erste Mann, der vorbeiging? ....

6. Wer war der zweite Mann, der vorbeiging? ....

7. Wer war der dritte Mann, der den Reisenden sah? ....

8. Was hat der Samariter getan, um dem Reisenden zu helfen? ....

9. Wie viel hat er dem Gastwirt bezahlt? ....

10. Als Jeschua den Gesetzesgelehrten fragte, wer der Nächste sei, wie antwortete er? ....

DER BARMHERZIGE SAMARITER

Lies Lukas 10,25-37. Finde die Wörter aus der Liste unten und kreise sie ein.

```
W M G C T T F D F Q P T G A B B
U S O D F K A S E O Y I B I I A
N M V T T P Q H G N J E E B R R
D L I E B E O H E R A R Q B A M
E I V I W O I Y N S K R M B E H
M Z D A S T R A S S E X E V U E
I E P R I E S T E R Q V S B B R
J E R U S A L E M K S U S H E Z
Z L K Q A G Q B I O Y I I R R I
D V O U N Z U O T O E L A B O G
I R Y X K L K Y T Q W L S I N K
D E L R S A M A R I T E R R G E
R R H E R B E R G E D L A L X I
F J R K R C Q V I V I Y A T F T
L E V I T J A X I O S G O T T K
D R F P T Z D J E R I C H O Q N
```

WUNDE	JERICHO	PRIESTER	HERBERGE
STRASSE	RAEUBER	TIER	BARMHERZIGKEIT
LIEBE	SAMARITER	JERUSALEM	LEVIT
GOTT	MESSIAS	OEL	DENARE

DER BARMHERZIGE SAMARITER

Hilf dem barmherzigen Samariter, den verletzten Reisenden zu finden.

Stadt Jericho

Jericho Kurier

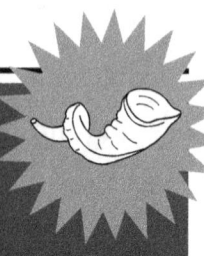

LAND ISRAEL   EINE JÜNGERSCHAFT-VERÖFFENTLICHUNG

Banditen auf der Straße

Samariter hilft Reisendem

....

Gastwirt gesucht

Wenn du Mich liebst...

Lies Matthäus 22,36-39. Schreibe eine Zusammenfassung dieser Bibelstelle.

....

....

....

1. Welches ist das größte Gebot?

....

....

2. Zu wem sprach Jeschua?

....

....

3. Lies Johannes 14,15. Wie lieben wir Gott?

....

....

Lies Matthäus 22,34-40. Zeichne deine Lieblingsszene zu dieser Bibelstelle.

Ich zeige Gott, dass ich Ihn liebe, indem ich...	Diese Bibelstelle lehrt mich...
....	....
....	....

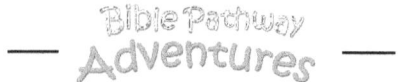

WAS TRUGEN DIE ISRAELITEN?

In biblischen Zeiten trugen die israelitischen Männer andere Kleidung als heute. Die meisten Männer trugen eine innere Tunika, einen äußeren Umhang oder einen Mantel, Zizit und Sandalen. Die Tuniken waren aus Wolle, Leinen oder Baumwolle und wurden an der Taille durch einen Gürtel aus Leder oder Stoff zusammengehalten. Die äußeren Gewänder wurden aus Wollstoff hergestellt. Blaue und weiße Zizit aus Leinen oder Wollfäden wurden getragen, um die Männer daran zu erinnern, Gottes Gebote zu befolgen (4. Mose 15,37-41). Die Sandalen wurden aus Leder und trockenem Gras hergestellt und hatten Schnüre oder Seile aus billigeren Materialien. Recherchiere im Internet oder in einer Enzyklopädie, was Männer in biblischen Zeiten trugen. Schreibe zwei Fakten zu jedem Kleidungsstück in die Kästchen unten.

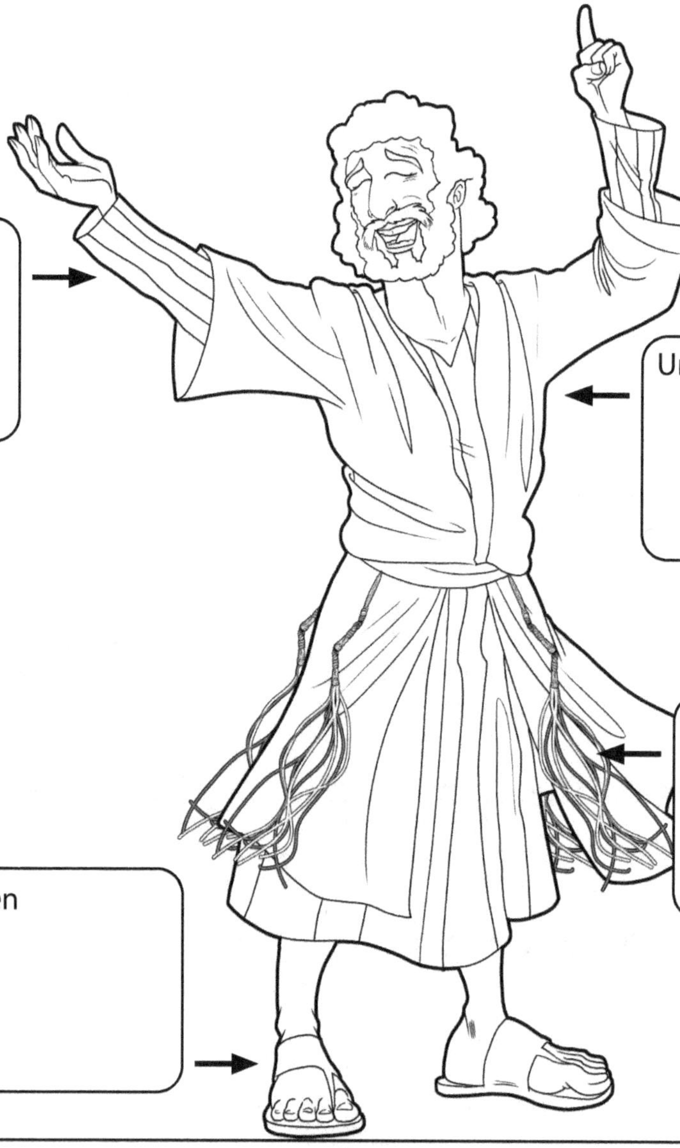

Tunika

Umhang

Zizit

Sandalen

Ruth

Lies Ruth 1,16-17. Wie hat Ruth gezeigt, dass sie Naemi liebt?

Was hat Rut getan, damit sie und Naemi etwas zu essen hatten?

Das Leben von Ruth könnte mich lehren...

Stell dir vor, du würdest in einer Gesellschaft leben, in der die Ehe auf Sicherheit und nicht auf Liebe basiert. Wen würdest du heiraten wollen?

WENN DU MICH LIEBST...

Lies Johannes 14,15-24. Wie liebst du den Messias? Schreibe einen kurzen Absatz, um zu beschreiben, wie du Ihn liebst. Male das Bild unten aus.

LEKTION 2 | Lektionsplan
Freude

Lehrer/ in:_____

Die heutige Bibelstelle: Apostelgeschichte 16,16-34

Willkommensgebet:
Beten Sie ein einfaches Gebet mit den Kindern, bevor Sie mit der Lektion beginnen.

Lektionsziele:
In dieser Lektion lernen die Kinder:
1. Ein biblisches Beispiel für Freude
2. Wie man in schwierigen Zeiten auf Gott ausgerichtet bleibt

Wussten Sie schon?
Paulus war ein römischer Bürger (Apostelgeschichte 22,26-27). Deshalb hatte er das Recht, vor Cäsar, dem römischen Kaiser, zu erscheinen.

Übersicht zur Bibelstunde:
Eine junge Magd hatte einen Geist, der es ihr erlaubte, die Zukunft vorherzusagen. Sie verdiente damit eine Menge Geld für ihre Herren. Aber als Paulus ihr den bösen Geist austrieb, konnten die Herren kein Geld mehr mit ihr verdienen. Sie waren wütend und ließen Paulus und Silas ins Gefängnis werfen. Eines Nachts, als Paulus und Silas in ihrer Gefängniszelle sangen und beteten, gab es ein großes Erdbeben. Die Gefängnistüren sprangen auf und ihre Ketten fielen ab. Als der Kerkermeister aufwachte und die offenen Türen sah, wollte er sich umbringen, weil er die Männer hatte entkommen lassen. Aber Paulus erinnerte ihn daran, dass sie noch da waren! Der Kerkermeister fiel vor den Männern nieder und tat Buße. Er nahm Paulus und Silas in sein Haus auf, versorgte ihre Wunden und gab ihnen zu essen.

Rückblick:

Fragen, die Sie Ihren Schülern stellen können:

1. Wie wurden Paulus und Silas dafür bestraft, dass sie der Magd halfen?
2. Was taten Paulus und Silas, während sie im Gefängnis waren?
3. Wie kümmerte sich der Kerkermeister um Paulus und Silas?
4. Warum, denkst du, tat der Kerkermeister Buße?
5. Welche Beispiele für Freude kannst du in dieser Geschichte finden?

 Ein Vers fürs Gedächtnis, der Kindern hilft, sich an Gottes Wort zu erinnern:

„Freut euch im Herrn allezeit; abermals sage ich: Freut euch!" (Philipper 4,4)

Aktivitäten:

Arbeitsblatt: Lückentext
Bibel-Quiz: Paulus & Silas im Gefängnis
Bibel-Wortsuche: Paulus & Silas im Gefängnis
Karte: Das Römische Reich
Bibel-Worträtsel: Warum hat sich der Kerkermeister aus Philippi gefreut?
Arbeitsblatt: Freudiges Fest
Malvorlage: Freue dich
Arbeitsblatt: Der verlorene Sohn
Malvorlage: Freude
Kreatives Schreiben: Freut euch...
Bibel-Basteln: Frucht des Geistes - Handpuppen
Banner: Freude

Schlussgebet:

Beenden Sie die Stunde mit einem kleinen Gebet.

ERDBEBEN!

Lies Apostelgeschichte 16,25-34. Fülle die Lücken aus.

> Um .... aber beteten Paulus und Silas und lobten Gott mit Gesang, und die .... hörten ihnen zu. Da entstand plötzlich ein großes Erdbeben, so dass die Grundfesten des Gefängnisses erschüttert wurden, und sogleich öffneten sich alle Türen, und die Fesseln aller wurden gelöst. Da erwachte der .... aus dem Schlaf, und als er die .... des Gefängnisses geöffnet sah, zog er sein Schwert und wollte sich töten, weil er meinte, die Gefangenen seien entflohen. Aber .... rief mit lauter Stimme und sprach: Tu dir kein Leid an; denn wir sind alle hier! Da forderte er ein Licht, sprang hinein und fiel zitternd vor Paulus und Silas nieder. Und er führte sie heraus und sprach: Ihr Herren, was muss ich tun, dass ich gerettet werde? Sie aber sprachen: Glaube an den Herrn Jesus Christus (Jeschua), so wirst du gerettet werden, du und dein Haus! Und sie sagten ihm das Wort des Herrn und allen, die in seinem Haus waren. Und er nahm sie zu sich in jener Stunde der Nacht und wusch ihnen die Striemen; und er ließ sich auf der Stelle ...., er und all die Seinen. Und er führte sie in sein ...., setzte ihnen ein Mahl vor und freute sich, dass er mit seinem ganzen Haus an .... gläubig geworden war.

MITTERNACHT   PAULUS
GEFANGENEN   TAUFEN
KERKERMEISTER HAUSHALT
TÜREN   GOTT

PAULUS & SILAS IM GEFÄNGNIS

Lies Apostelgeschichte 16,16-40.
Beantworte die folgenden Fragen.

1. In welcher Stadt wurden Paulus und Silas ins Gefängnis geworfen? ....

2. Womit wurden ihre Füße befestigt? ....

3. Was taten Paulus und Silas, während sie im Gefängnis saßen? ....

4. Welches Ereignis öffnete die Gefängnistüren? ....

5. Warum wollte sich der Kerkermeister umbringen? ....

6. Warum nahm der Kerkermeister Paulus und Silas in sein Haus mit? ....

7. Warum freuten sich der Kerkermeister und sein Haus? ....

8. Warum hatten die Gerichtsdiener Angst vor Paulus? ....

9. Was taten die Gerichtsdiener als nächstes? ....

10. Wen besuchten Paulus und Silas, bevor sie die Stadt verließen? ....

PAULUS & SILAS IM GEFÄNGNIS

Lies Apostelgeschichte 16,16-40.
Finde die Wörter aus der Liste unten und kreise sie ein.

```
A C G O L Y D I A G B J D P O M
M Z K D J G P W M X E U K L O E
Y N P E U V H A U S R I S P S S
J I X A R R H R G Q D F Y H S S
T T F T U K Q N D E B Z X I X I
U W P O M L E H L Y E J V L U A
E A A G L B U R G K B I M I S S
R E T G U E T S M G E J D P O O
E Z J Y S P W P Y E N I F P L S
N D D K E T T E N S I E I I H C
G R U N D F E S T E J S K H N H
E R S I L A S O S P W G T F Y W
I G E R I C H T S D I E N E R E
C E S G E S A N G V K V T J R R
G X M O Q P V R O E M E R X L T
G E F A E N G N I S W G W J R O
```

ERDBEBEN	MESSIAS	LYDIA	HAUS
SILAS	GEFAENGNIS	KERKERMEISTER	PHILIPPI
GERICHTSDIENER	KETTEN	SCHWERT	PAULUS
GESANG	ROEMER	GRUNDFESTE	TUEREN

DAS RÖMISCHE REICH

Zur Zeit des Apostels Paulus war das Römische Reich die dominierende Macht in den meisten Teilen der antiken Welt. Recherchiere im Internet oder in einem historischen Atlas und zeichne die Grenzen des Römischen Reiches im 1. bis 2. Jahrhundert n. Chr. nach.

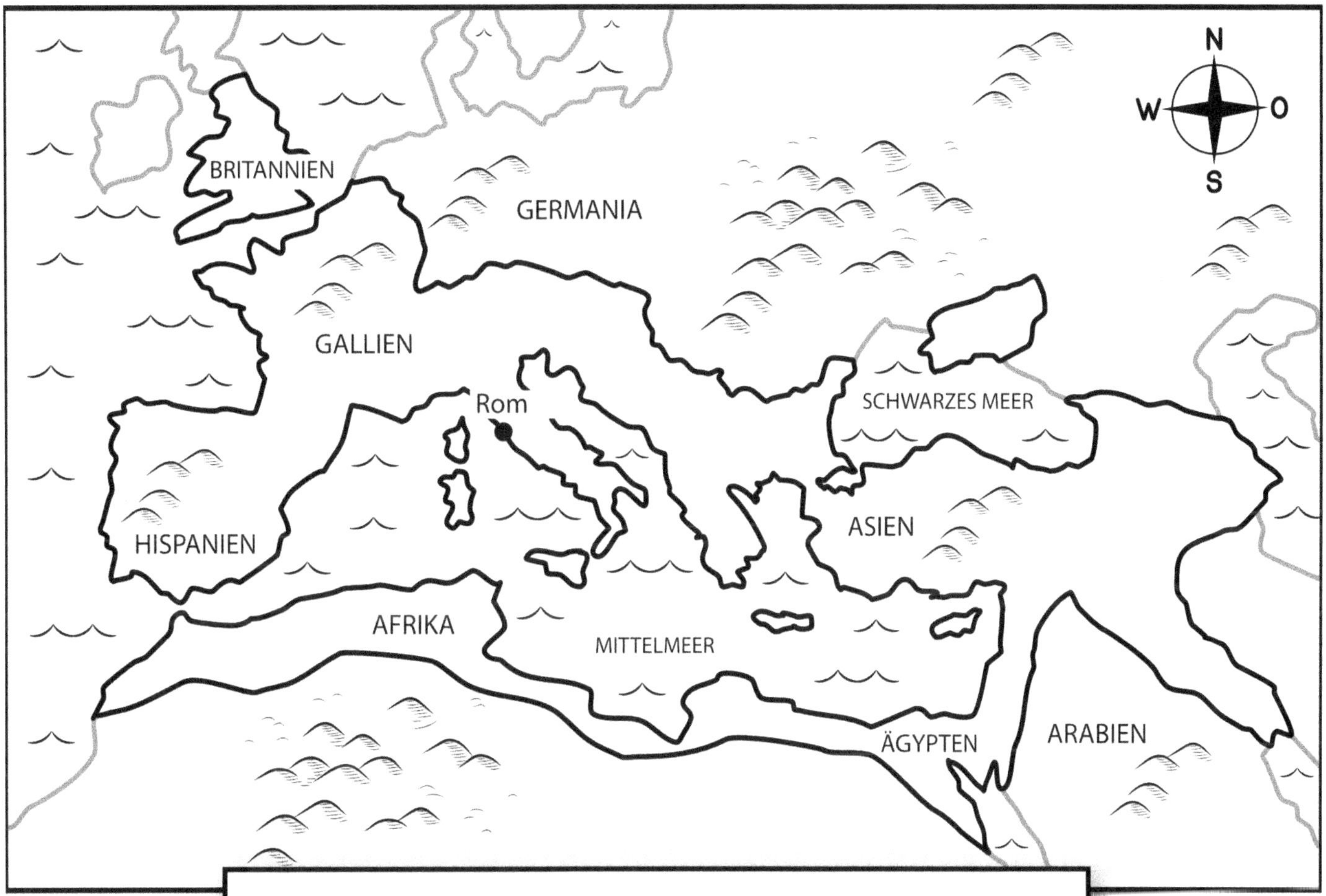

DAS RÖMISCHE REICH 1. – 2. JAHRHUNDERT N. CHR.

Welche drei Kontinente umfasste das Römische Reich im 1. bis 2. Jahrhundert n. Chr.?

....

Liste anhand einer modernen Karte zehn Länder auf, die einst zum Römischen Reich gehörten.

....

Warum hat sich der Kerkermeister aus Philippi gefreut?

Entwirre die Wörter, um die Antwort zu finden. *Tipp: Apostelgeschichte 16,34 (Schlachter-Bibel).*

dnU er eteurf hcsi, sdsa er

_____

itm meisen anznge Huas an

_____

tGto gläguib eoegdrwn awr.

_____

Freudiges Fest

Lies Lukas 15,8-10. Schreibe eine kurze Zusammenfassung dieser Bibelstelle.

....

....

....

1. Wie viele Drachmen hatte die Frau?

....

....

2. Was tat die Frau, als sie die Münze fand?

....

....

3. Wenn ein Sünder Buße tut, wo ist Freude?

....

....

Zeichne deine Lieblingsszene aus dieser Bibelgeschichte.

Jeschua hat diese Geschichte erzählt, weil…	Lies Apostelgeschichte 3,19. Buße bedeutet, dass…
....	....
....	....

GESTALTE DEINE EIGENE SILBERMÜNZE

Als das Römische Reich in Judäa herrschte, war die Standardeinheit der römischen Währung der silberne Denar. Ein Denar war der Gegenwert eines Tageslohns für einen Arbeiter. Eine weitere gängige Silbermünze war der Schekel, der vier Denare wert war. Die halbe Schekel-Tempelsteuer, die von allen Israeliten zur Unterstützung des Tempels in Jerusalem gezahlt wurde, entsprach zwei Denaren oder zwei Drachmen.

Gestalte deine eigene Silbermünze im Feld unten. Nutze deine Fantasie!

Male die israelitische Frau aus!

Der verlorene Sohn

Lies Lukas 15,11-31. Warum wollte der Sohn das Haus verlassen?

Was denkst du, wie sich der Vater fühlte, als sein Sohn nach Hause kam?

Das Gleichnis vom verlorenen Sohn könnte mich lehren…

Zeichne ein Bild des Sohnes, der zum Haus seines Vaters zurückkehrt.

„Und mein Geist freut sich über Gott, meinen Retter."

(Lukas 1,47)

FREUT EUCH ...

Lies Apostelgeschichte 16,25-40 und 1. Thessalonicher 5,16-18. Wir können freudig sein, auch wenn das Leben schwer ist. Schreibe einen kurzen Absatz, um zu beschreiben, wie wir unter allen Umständen freudig sein können. Male das Bild unten aus.

LEKTION 3 | Lektionsplan
Frieden

Lehrer/in: _____

Die heutige Bibelstelle: Daniel 6,1-23

 **Willkommensgebet:**
Beten Sie ein einfaches Gebet mit den Kindern, bevor Sie mit der Lektion beginnen.

Lektionsziele:
In dieser Lektion lernen die Kinder:
1. Ein biblisches Beispiel für Frieden
2. Frieden kommt durch Gottvertrauen

Wussten Sie schon?
Daniel muss mindestens 80 Jahre alt gewesen sein, als er in Babylon den Löwen vorgeworfen wurde.

Übersicht zur Bibelstunde:
Während der Zeit, als Daniel in Babylon lebte, schmiedeten die Minister einen Plan, um ihn in Schwierigkeiten zu bringen. Sie sagten König Darius, er solle ein neues Gesetz erlassen, das vorschrieb, dass die Menschen ihn dreißig Tage lang anbeten müssten, sonst würden sie den Löwen vorgeworfen. Daniel betete immer zu dem Gott Abrahams, Isaaks und Jakobs, dreimal am Tag. Er weigerte sich, König Darius anzubeten. Als die Minister ihn zu Gott beten sahen, erzählten sie es dem König. Der König war verärgert - er mochte Daniel. Aber er musste dem Gesetz gehorchen. Die Männer des Königs ergriffen Daniel und warfen ihn in die Löwengrube. Dort vertraute er, dass Gott ihn vor den furchterregenden Löwen beschützen würde, und so geschah es.

Rückblick:

Fragen, die Sie Ihren Schülern stellen können:

1. Warum forderten die Minister den König auf, ein neues Gesetz zu erlassen?
2. Wie hat Daniel in dieser Geschichte gezeigt, dass er auf Gott ausgerichtet war?
3. Was taten die Minister, als sie Daniel beten sahen?
4. Wollte der König Daniel in die Höhle der Löwen werfen? Warum nicht?
5. Glaubst du, dass Daniel in der Löwengrube Frieden hatte? Warum oder warum nicht?

 Ein Vers fürs Gedächtnis, der Kindern hilft, sich an Gottes Wort zu erinnern:

„Einem festen Herzen bewahrst du den Frieden, den Frieden, weil es auf dich vertraut." (Jesaja 26,3)

Aktivitäten:

Arbeitsblatt: Lückentext
Bibel-Quiz: Daniel und die Löwen
Bibel-Wortsuche: Daniel und die Löwen
Arbeitsblatt: Schreibe deinen Namen in Keilschrift
Arbeitsblatt: In der Löwengrube
Malvorlage: Großer Frieden...
Arbeitsblatt: Frieden
Bibelvers-Rätsel: Wer hat großen Frieden?
Malvorlage: Frieden
Kreatives Schreiben: Vollkommener Frieden
Bibel-Basteln: Einen Türhänger basteln
Banner: Frieden

 **Schlussgebet:**

Beenden Sie die Stunde mit einem kleinen Gebet.

DANIEL UND DIE LÖWEN

Lies Daniel 6,17-24. Fülle die Lücken aus.

> Da befahl der ...., dass man Daniel herbringe und in die Löwengrube werfe. Der König begann und sprach zu Daniel: Dein Gott, dem du ohne Unterlass dienst, der rette dich! Und man brachte einen Stein und legte ihn auf die Öffnung der Grube, und der König versah ihn mit seinem .... und mit dem Siegel seiner Gewaltigen, damit in der Sache Daniels nichts geändert werde. Dann zog sich der König in seinen .... zurück, und er verbrachte die Nacht fastend und ließ keine Frauen zu sich führen, und der Schlaf floh von ihm. Beim Anbruch der Morgenröte aber stand der König auf und begab sich rasch zur Löwengrube. Und als er sich der Grube näherte, rief er Daniel mit angstvoller Stimme. Der König begann und sprach zu Daniel: Daniel, du .... des lebendigen Gottes, hat dein Gott, dem du ohne Unterlass dienst, dich von den .... retten können? Da sprach Daniel zu dem König: O König, mögest du ewig leben! Mein Gott hat seinen .... gesandt und den Rachen der Löwen verschlossen, dass sie mir kein Leid zufügten, weil vor ihm meine Unschuld offenbar war und ich auch dir gegenüber, o König, nichts Böses verübt habe! Da wurde der König sehr froh und befahl, ... aus der Grube heraufzuziehen. Als man aber Daniel aus der Grube heraufgebracht hatte, fand sich keine Verletzung an ihm; denn er hatte seinem Gott ....

KÖNIG   VERTRAUT
SIEGEL   DANIEL
PALAST   LÖWEN
ENGEL   KNECHT

DANIEL UND DIE LÖWEN

Lies Daniel 6,1-24.
Beantworte die folgenden Fragen.

1. Wer war der König von Babylon?

2. Welche Pläne hatte der König für Daniel in Daniel 6,3?

3. Warum konnten die Minister keinen Grund finden, sich über Daniel zu beschweren?

4. Wer plante, Daniel zu töten?

5. Was geschah mit Daniel, nachdem er Gott an seinem offenen Fenster gedankt hatte?

6. Warum wurde Daniel den Löwen vorgeworfen?

7. Welcher König ließ Daniel den Löwen vorwerfen?

8. Wie wurde die Löwengrube versiegelt?

9. Wie wurde Daniel vor den Löwen in der Höhle geschützt?

10. Warum wurde Daniel in der Löwengrube kein Schaden zugefügt?

DANIEL UND DIE LÖWEN

Lies Daniel 6,1-24. Finde die Wörter aus der Liste unten und kreise sie ein.

DARIUS	VERTRAUEN	BABYLON	JERUSALEM
HEBRAEISCH	MINISTER	HOEHLE	FRIEDEN
KOENIGREICH	BETEN	STEIN	DANIEL
RACHEN	LOEWEN	KOENIG	ENGEL

SCHREIBE DEINEN NAMEN IN KEILSCHRIFT

Keilschrift ist eine alte Form der Schrift aus Mesopotamien.
So schrieben die Menschen, als Daniel in Babylon lebte.

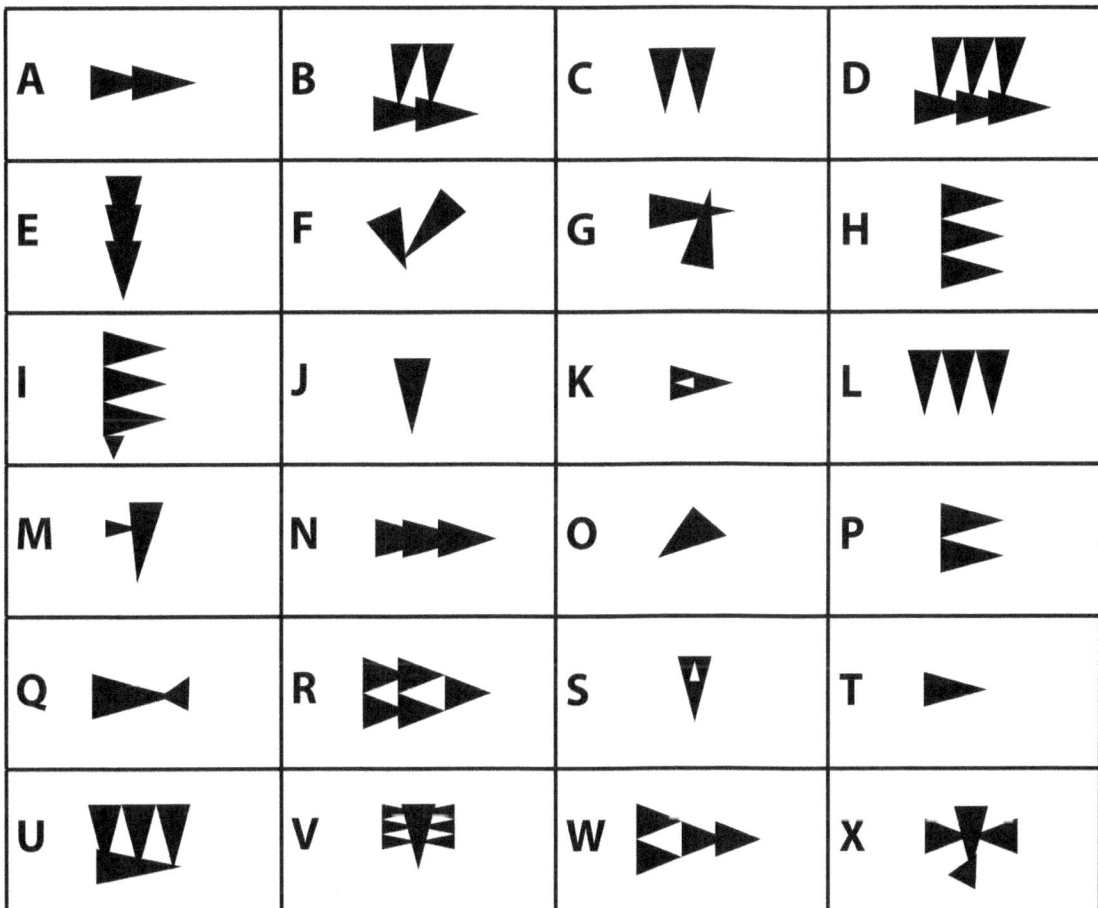

Schreibe deinen Namen in Keilschrift:

In der Löwengrube...

Daniel wurde in eine Löwengrube geworfen. Glaubst du, dass er etwas mitgenommen hat? Denke über das Leben in Babylon nach und mache eine Liste mit Gegenständen, die du in eine Löwengrube mitnehmen würdest. Zeichne einige der Gegenstände in den Beutel. Benutze deine Fantasie!

1. ....
2. ....
3. ....
4. ....
5. ....
6. ....
7. ....
8. ....
9. ....
10. ....

Großer Frieden...

Lies Psalm 119,165 und schreibe den Bibelvers auf.

....

....

....

1. Worüber hat David in Psalm 119,97 nachgedacht?

....

....

2. Wie wirken sich Gottes Gebote auf David in Psalm 119,98 aus?

....

....

3. Warum bat David Gott in Psalm 119,18 darum, seine Augen zu öffnen?

....

....

Zeichne dein Lieblingsbild von König David.

Gott benutzte David, um...	Was könnte ich aus dem Leben von David lernen?
....	....
....	....

www.biblepathwayadventures.com
Frucht des Geistes - Übungsbuch

Frieden

Zeichne ein Bild von König David, wie er die Psalmen schreibt.

Lies Psalm 119,165. Großer Frieden ist den Menschen versprochen, die...

Ich weiß, dass ich von Gottes Frieden erfüllt bin, wenn...

Die Geschichte von Daniel und den Löwen lehrt mich...

WER HAT GROSSEN FRIEDEN?

Dieser Bibelvers ist als Geheimcode geschrieben. Verwende die Tabelle unten auf der Seite, um die fehlenden Buchstaben zu ergänzen und den Code zu knacken!
Tipp: Lies Psalm 119,165 (Schlachter-Bibel)

$\underset{24}{\_}\underset{11}{\_}\underset{18}{O}\underset{3}{B}\underset{13}{\_}\underset{20}{\_}\underset{11}{\_}\underset{25}{\_}\underset{3}{\_}\underset{12}{\_}\underset{3}{\_}\underset{13}{\_}\underset{10}{\_}\underset{8}{A}\underset{7}{B}\underset{3}{\_}\underset{13}{\_}$, $\underset{12}{\_}\underset{25}{\_}\underset{3}{\_}$

$\underset{12}{\_}\underset{3}{\_}\underset{25}{\_}\underset{13}{\_}\underset{24}{\_}\underset{3}{\_}\underset{26}{\_}\underset{3}{\_}\underset{4}{\_}\underset{6}{\_}\underset{23}{\_}\underset{25}{\_}\underset{3}{\_}\underset{7}{B}\underset{3}{\_}\underset{13}{\_}$, $\underset{5}{\_}\underset{13}{\_}\underset{12}{\_}$

$\underset{13}{\_}\underset{25}{\_}\underset{21}{\_}\underset{10}{\_}\underset{4}{\_}\underset{26}{\_}\underset{7}{B}\underset{11}{\_}\underset{25}{\_}\underset{13}{\_}\underset{24}{\_}\underset{4}{\_}\underset{26}{\_}\underset{25}{\_}\underset{3}{\_}\underset{6}{\_}\underset{5}{\_}\underset{20}{\_}\underset{8}{A}\underset{23}{\_}\underset{23}{\_}$

A	B	C	D	E	F	G	H	I	J	K	L	M
8	7											

N	O	P	Q	R	S	T	U	V	W	X	Y	Z
	18											

„Weiche vom Bösen und tue Gutes, suche den Frieden und jage ihm nach!"

(Psalm 34,15)

VOLLKOMMENER FRIEDEN…

Auch wenn Daniel in einer schwierigen Situation war, vertraute er Gott. Denkst du, dass Daniel in der Löwengrube Frieden hatte? Lies Jesaja 26,3 und schreibe einen Absatz, in dem du eine Zeit beschreibst, in der du Gott vertraut und seinen Frieden empfangen hast. Male das Bild unten auf der Seite aus.

LEKTION 4 | Lektionsplan
Geduld

Lehrer/in: _____

Die heutige Bibelstelle: 1. Mose 39,20-41,45

Willkommensgebet:
Beten Sie ein einfaches Gebet mit den Kindern, bevor Sie mit der Lektion beginnen.

Lektionsziele:
In dieser Lektion lernen die Kinder:
1. Ein biblisches Beispiel für Geduld
2. Die Weisheit der Geduld und das Vertrauen in Gottes Zeitplan

Wussten Sie schon?
In Ägypten gibt es einen alten künstlichen Kanal in der Nähe der Stadt Medinet el-Faijum, der „Bahr Yussuf" genannt wird. Dies bedeutet aus dem Arabischen grob übersetzt „Wasserweg des Joseph".

Übersicht zur Bibelstunde:
In Ägypten arbeitete Joseph als Sklave für Potiphar. Gott half ihm, bei allem, was er tat, erfolgreich zu sein. Aber es gab ein Problem. Die Frau von Potiphar wollte mit ihm schlafen. Joseph weigerte sich. „Das ist falsch. Wie kann ich mich gegen Gott versündigen?", sagte er. Also beschuldigte sie Joseph, sie angegriffen zu haben. Potiphar glaubte seiner Frau und warf Joseph ins Gefängnis. Während er geduldig darauf wartete, dass Gott ihn befreite, half er dem Mundschenk und dem Bäcker des Pharaos, ihre Träume zu verstehen. Einige Zeit später hatte der Pharao zwei seltsame Träume. Weil seine Wahrsager die Träume nicht deuten konnten, rief er Joseph zu Hilfe. Mit Gottes Hilfe erklärte Joseph die Träume des Pharaos. Der Pharao war glücklich! Er befreite Joseph aus dem Gefängnis und machte ihn zum Regenten über Ägypten.

Rückblick:
Fragen, die Sie Ihren Schülern stellen können:
1. Warum, glaubst du, wurde Joseph die Verantwortung für alle Gefangenen übertragen?
2. Was bedeuteten die Träume des Pharaos von den Kühen und Ähren?
3. Warum belohnte der Pharao Joseph?
4. Beschreibe Josephs Charakter.
5. Warum, denkst du, konnte Joseph geduldig darauf warten, dass Gott ihn aus dem Gefängnis befreite?

 ### Ein Vers fürs Gedächtnis, der Kindern hilft, sich an Gottes Wort zu erinnern:
„Der Langmütige (Geduldige) ist reich an Einsicht, der Jähzornige aber begeht große Torheiten." (Sprüche 14,29)

 ### Aktivitäten:
Arbeitsblatt: Lückentext
Bibel-Quiz: Joseph
Bibel-Wortsuche: Joseph in Ägypten
Malvorlage: Geduld
Arbeitsblatt zum Verstehen: Träume im alten Ägypten
Arbeitsblatt: Geduld
Malvorlage: Frucht des Geistes
Malvorlage: Geduld
Kreatives Schreiben: Geduld
Bibel-Basteln: Einen Obstkorb basteln
Banner: Geduld

 ### Schlussgebet:
Beenden Sie die Stunde mit einem kleinen Gebet.

JOSEPHS AUFSTIEG ZUR MACHT

Lies 1. Mose 41,38-46. Fülle die Lücken aus.

> Und der Pharao sprach zu seinen Knechten: Können wir einen Mann finden wie diesen, in dem der .... Gottes ist? Und der Pharao sprach zu Joseph: Nachdem Gott dir dies alles mitgeteilt hat, ist keiner so verständig und weise wie du. Du sollst über mein Haus sein, und deinem Befehl soll mein ganzes Volk gehorchen; nur um den .... will ich höher sein als du! Und der .... sprach zu Joseph: Siehe, ich setze dich über das ganze Land Ägypten! Und der Pharao nahm den .... von seiner Hand und steckte ihn an die Hand Josephs, und er bekleidete ihn mit weißer Leinwand und legte eine .... Kette um seinen Hals; und er ließ ihn auf seinem zweiten .... fahren; und man rief vor ihm aus: »Beugt eure Knie!« Und so wurde er über das ganze Land Ägypten gesetzt. Und der Pharao sprach zu ....: Ich bin der Pharao, aber ohne dich soll niemand im ganzen Land Ägypten die Hand oder den Fuß erheben! Und der Pharao gab Joseph den Namen Zaphenat-Paneach und gab ihm Asnath zur Frau, die Tochter Potipheras, des Priesters von On. Und Joseph zog aus durch das ganze Land .... Und Joseph war 30 Jahre alt, als er vor dem Pharao, dem König von Ägypten, stand.

GEIST WAGEN
THRON JOSEPH
PHARAO SIEGELRING
GOLDENE ÄGYPTEN

JOSEPH

Lies 1. Mose 39,20-41,47.
Beantworte die folgenden Fragen.

1. Wer hat Joseph ins Gefängnis geworfen? ....
2. Für wen hat der Kerkermeister Joseph die Verantwortung übertragen? ....
3. Wen hat der Pharao ins Gefängnis werfen lassen? ....
4. Wie feierte der Pharao seinen Geburtstag? ....
5. Wer erzählte dem Pharao von Joseph im Gefängnis? ....
6. Was hat Joseph für den Pharao getan? ....
7. Wie belohnte der Pharao Joseph? ....
8. Wie alt war Joseph, als er begann, für den Pharao zu arbeiten? ....
9. Wer war Josephs Frau? ....
10. In welchem Land hat sich diese Geschichte ereignet? ....

JOSEPH IN ÄGYPTEN

Lies 1. Mose 39,20-41,45.
Finde die Wörter aus der Liste unten und kreise sie ein.

```
T H U N G E R S N O T P Y B E X
E R B I Q Z Z G Z C C U I A K K
P W A M I L Z E R T T K U E W H
O L W E R B A D I G G O U C A R
T C U E U P B U Q E H K T K G W
I X S T D M M L G F M O F E E Q
P P U W T G E D P A R B S R N C
H G I K U E H E W E O H L P L J
A R Q N S R V P L N H N E H W U
R S J C Z G H L X G O C L A J U
W E O P B W P O K N G K D R O H
A E G Y P T E N L I P Y L A S B
S E H E F R A U K S U Y O O E F
H E B R A E E R K O E N I G P T
F C M U N D S C H E N K G X H D
B Q E X R I N G V W K Z D Z I L
```

MUNDSCHENK	GEDULD	JOSEPH	KUEHE
HEBRAEER	POTIPHAR	KOENIG	HUNGERSNOT
EHEFRAU	PHARAO	TRAEUME	WAGEN
AEGYPTEN	GEFAENGNIS	RING	BAECKER

Geduld

Lies Sprüche 16,32 und schreibe das Sprichwort auf.

....

....

....

Schreibe über eine Situation, in der du Geduld haben musstest.

Zeichne das Sprichwort so, dass deine Freunde es erraten können.

Was ist die Bedeutung von Sprüche 16,32?	Sprüche 16,32 lehrt mich…

TRÄUME IM ALTEN ÄGYPTEN

Dieser Artikel erklärt die Bedeutung von Träumen für die alten Ägypter.
Lies den Text und beantworte die Fragen auf der nächsten Seite.

Träume

Im alten Ägypten galten Träume als göttliche Vorhersagen für die Zukunft. Die Ägypter nutzten ihre Träume, um Krankheiten zu heilen, wichtige Entscheidungen zu treffen und sogar um zu entscheiden, wo ein Tempel gebaut oder wann eine Schlacht geschlagen werden sollte. Träume waren Botschaften von den Göttern, die Unheil oder Glück voraussagten. Ein tiefer Brunnen bedeutete zum Beispiel Gefängnis, ein leuchtender Mond Vergebung und eine große Katze symbolisierte eine reiche Ernte.

Die Ägypter baten oft Priester, Magier oder professionelle Traumdeuter, ihnen zu helfen, ihre Träume zu verstehen. Aber diese Dolmetscher waren sich nicht immer einig, und ähnliche Träume erhielten manchmal unterschiedliche Bedeutungen. Die Ägypter waren so sehr an der Bedeutung ihrer Träume interessiert, dass sie sogar Tempel wie den Horus-Tempel in Edfu hatten, wo sie sich in „Traumbetten" legten und hofften, im Traum einen Rat, Trost oder Heilung zu erhalten.

Viele Träume wurden auf Papyrusstücken aufgezeichnet, die als „Traumbücher" bekannt sind. Aus diesen Büchern wissen wir, dass einige häufige Bilder das Zerbrechen von Steinen, das Herausfallen von Zähnen, das Ertrinken im Nil, das Trinken von warmem Bier und das Essen von Weißbrot waren. Eines dieser Traumbücher wurde im Dorf Deir el-Medina, in der Nähe des Tals der Könige, entdeckt. Es enthält eine Liste von Träumen, die Tätigkeiten wie Hämmern, Brauen, Weben, Besichtigen, Rühren und Verputzen beschreiben. Diese Traumaufzeichnungen zeigen, welche Bedeutung die Ägypter den Träumen beimaßen. Kein Wunder, dass der Pharao erfreut war, als Joseph seine beiden Träume erklärte!

Hausaufgaben

Ziel: Die Bedeutung von Träumen für die alten Ägypter verstehen.
Lies die Fragen und schreibe deine Antwort in die Zeilen darunter.

Wofür benutzten die Ägypter Träume?

....

Warum legten sich einige Ägypter in „Traumbetten"?

....

Was kann man in einem „Traumbuch" finden?

....

Wer gab Joseph die Fähigkeit, die Träume des Pharaos zu deuten?

....

Geduld

Lies Hiob 42,10. Zeichne Hiob, der für seine Geduld belohnt wird.

Ich kann meinem Bruder oder meiner Schwester gegenüber Geduld zeigen, indem ich...

Die Geschichte von Joseph lehrt mich...

Lies 1. Timotheus 1,15-16. Wer hat vollkommene Geduld?

FRUCHT DES GEISTES

Schlag deine Bibel auf und lies Galater 5,22-23.
Schreibe die Verse auf die Zeilen unten. Male die Frucht aus.

„..

....

.... "

„Seid fröhlich in Hoffnung, in Bedrängnis haltet stand, seid beharrlich im Gebet!"

(Römer 12,12)

GEDULD

Lies Galater 5,22-23. Geduld ist ein Ergebnis des Wirkens des Heiligen Geistes in uns. Schreibe einen Absatz, in dem du beschreibst, wie du Geduld zeigst, wenn die Dinge nicht nach Plan verlaufen. Male das Bild unten auf der Seite aus.

LEKTION 5 | Lektionsplan
Freundlichkeit

Lehrer/ in:_____

Die heutige Bibelstelle: Markus 2,1-12

Willkommensgebet:
Beten Sie ein einfaches Gebet mit den Kindern, bevor Sie mit der Lektion beginnen.

Lektionsziele:
In dieser Lektion lernen die Kinder:
1. Ein biblisches Beispiel für Freundlichkeit
2. Freundlichkeit gegenüber anderen zu zeigen ist Gott wichtig

Wussten Sie schon?
Die einzige heilige Schrift, die die Menschen in biblischen Zeiten hatten, war das Alte Testament. Es bestand aus der Thora, den Propheten und den Psalmen.

Übersicht zur Bibelstunde:
Während Jeschua (Jesus) in einem Haus in Kapernaum verweilte, brachten vier Männer einen gelähmten Mann zu ihm, damit er geheilt werden konnte. Aber es waren viele Menschen innerhalb und außerhalb des Hauses, und sie konnten das Gebäude nicht betreten. Stattdessen ließen die Männer den Gelähmten durch das Dach herab. Als Jeschua den Glauben der Männer sah, sprach er zu dem Gelähmten: „Sohn, deine Sünden sind dir vergeben." Einige der Schriftgelehrten bezweifelten in ihrem Herzen, dass Jeschua Sünden vergeben konnte. Aber Er wusste, was sie dachten. Er wandte sich an den Gelähmten und sagte: „Ich sage dir: Steh auf, nimm deine Liegematte und geh nach Hause."

Rückblick:
Fragen, die Sie Ihren Schülern stellen können:
1. Wo hat sich diese Geschichte ereignet?
2. Warum haben die Männer ihren gelähmten Freund auf das Dach gebracht?
3. Wer hat Jeschua beobachtet?
4. Warum dachten einige Schriftgelehrte in ihrem Herzen: „Warum redet dieser Mann so? Wer kann Sünden vergeben außer Gott allein?"
5. Wie hat Jeschua Freundlichkeit gezeigt?

 Ein Vers fürs Gedächtnis, der Kindern hilft, sich an Gottes Wort zu erinnern:
„Damit ihr aber wisst, dass der Sohn des Menschen Vollmacht hat, auf Erden Sünden zu vergeben." (Markus 2,10)

Aktivitäten:
Arbeitsblatt: Lückentext
Bibel-Quiz: Der gelähmte Mann
Bibel-Wortsuche: Heilung eines Gelähmten
Arbeitsblatt „Zeitung": Kapernaumer Allgemeine Zeitung
Karte: Das Land Israel
Malvorlage: Davids Freundlichkeit
Arbeitsblatt: Freundlichkeit
Malvorlage/ Quiz: Die Freundlichkeit des Boas
Arbeitsblatt: Lasst uns freundlich sein
Kreatives Schreiben: Freundlichkeit
Zertifikat: Freundlichkeit
Banner: Freundlichkeit

 ### Schlussgebet:
Beenden Sie die Stunde mit einem kleinen Gebet.

HEILUNG EINES GELÄHMTEN

Lies Markus 2,1-12. Fülle die Lücken aus.

"Und nach etlichen Tagen ging er wieder nach ....; und als man hörte, dass er im Haus sei, da versammelten sich sogleich viele, so dass kein Platz mehr war, auch nicht draußen bei der Tür; und er verkündigte ihnen das .... Und etliche kamen zu ihm und brachten einen Gelähmten, der von vier Leuten getragen wurde. Und da sie wegen der Menge nicht zu ihm herankommen konnten, deckten sie dort, wo er war, das .... ab, und nachdem sie es aufgebrochen hatten, ließen sie die Liegematte herab, auf welcher der Gelähmte lag. Als aber .... ihren Glauben sah, sprach er zu dem ....: Sohn, deine Sünden sind dir vergeben! Es saßen aber dort etliche von den Schriftgelehrten, die dachten in ihren Herzen: Was redet dieser solche Lästerung? Wer kann Sünden vergeben als nur Gott allein? Und sogleich erkannte Jeschua (Jesus) in seinem Geist, dass sie so bei sich dachten, und sprach zu ihnen: Warum .... ihr dies in euren Herzen? Was ist leichter, zu dem Gelähmten zu sagen: Dir sind die Sünden vergeben! oder zu sagen: Steh auf und nimm deine Liegematte und geh umher? Damit ihr aber wisst, dass der Sohn des Menschen Vollmacht hat, auf Erden Sünden zu .... – sprach er zu dem Gelähmten: Ich sage dir, steh auf und nimm deine Liegematte und geh heim! Und er stand sogleich auf, nahm seine Liegematte und ging vor aller Augen hinaus, so dass sie alle ...., Gott priesen und sprachen: So etwas haben wir noch nie gesehen!"

KAPERNAUM
WORT
JESCHUA (JESUS)
DENKT
ERSTAUNTEN
GELÄHMTEN
DACH
VERGEBEN

DER GELÄHMTE MANN

Lies Markus 2,1-12.
Beantworte die folgenden Fragen.

1. In welcher Stadt lehrte Jeschua (Jesus) das Volk? ....
2. Was geschah, als die Leute hörten, dass Jeschua im Haus war? ....
3. Was hat Jeschua in Markus 2,2 getan? ....
4. Wie viele Männer trugen den Gelähmten zu Jeschua? ....
5. Warum konnten diese Männer nicht in die Nähe von Jeschua kommen? ....
6. Wie brachten die Männer den Gelähmten in die Nähe von Jeschua? ....
7. Was sagte Jeschua zu dem Gelähmten, als Er den Glauben der Männer sah? ....
8. Wer zweifelte in seinem Herzen an Jeschua? ....
9. Was sagte Jeschua zu dem Gelähmten in Markus 2,11? ....
10. Wie haben die Menschen auf dieses Wunder reagiert? ....

HEILUNG EINES GELÄHMTEN

Lies Markus 2,1-12. Finde die Wörter aus der Liste unten und kreise sie ein.

```
F P V O L L M A C H T F L J Q Q
H A U S B Z Z G Y L E V I E Q V
M M A O W Q U E A Y S I E S W E
K D E M J U X U U L S T G C I C
K A K N Z V N P L C I O E H A D
S E P L S G A D Y N R L M U G A
C K Y E Z C L O E D V H A A E C
H G V K R G H W E R J E T E L H
R X M W U N U E O O C I T G A N
I Y P E U Q A W N T A L E E E N
F R I E N W M U F S K E Y H H F
T D O Z V G D N M L O N V E M Q
E U N Z Q X E K B N K H G N T C
N R N M T A U F N U D S N R E P
F R E U N D L I C H K E I T R L
S C H R I F T G E L E H R T E C
```

LIEGEMATTE VOLLMACHT HEILEN GALILAEA
SCHRIFTGELEHRTE SCHRIFTEN GEHEN MENSCHENSOHN
WUNDER GELAEHMTER KAPERNAUM DACH
MENGE HAUS FREUNDLICHKEIT JESCHUA

See Genezareth

Kapernaumer
Allgemeine Zeitung

LAND ISRAEL   EINE JÜNGER-PUBLIKATION

Zweifelnde Schriftgelehrte

Lehrer heilt Gelähmten!

....

....

....

....

....

Fisch zu verkaufen

LAND ISRAEL

Der Jünger Petrus lebte in dem Dorf Kapernaum. Er fischte am See Genezareth. Finde und markiere die sechs Orte auf der Karte. Vielleicht musst du das Internet oder einen Atlas benutzen, um die Antworten zu finden. Male die Karte aus.

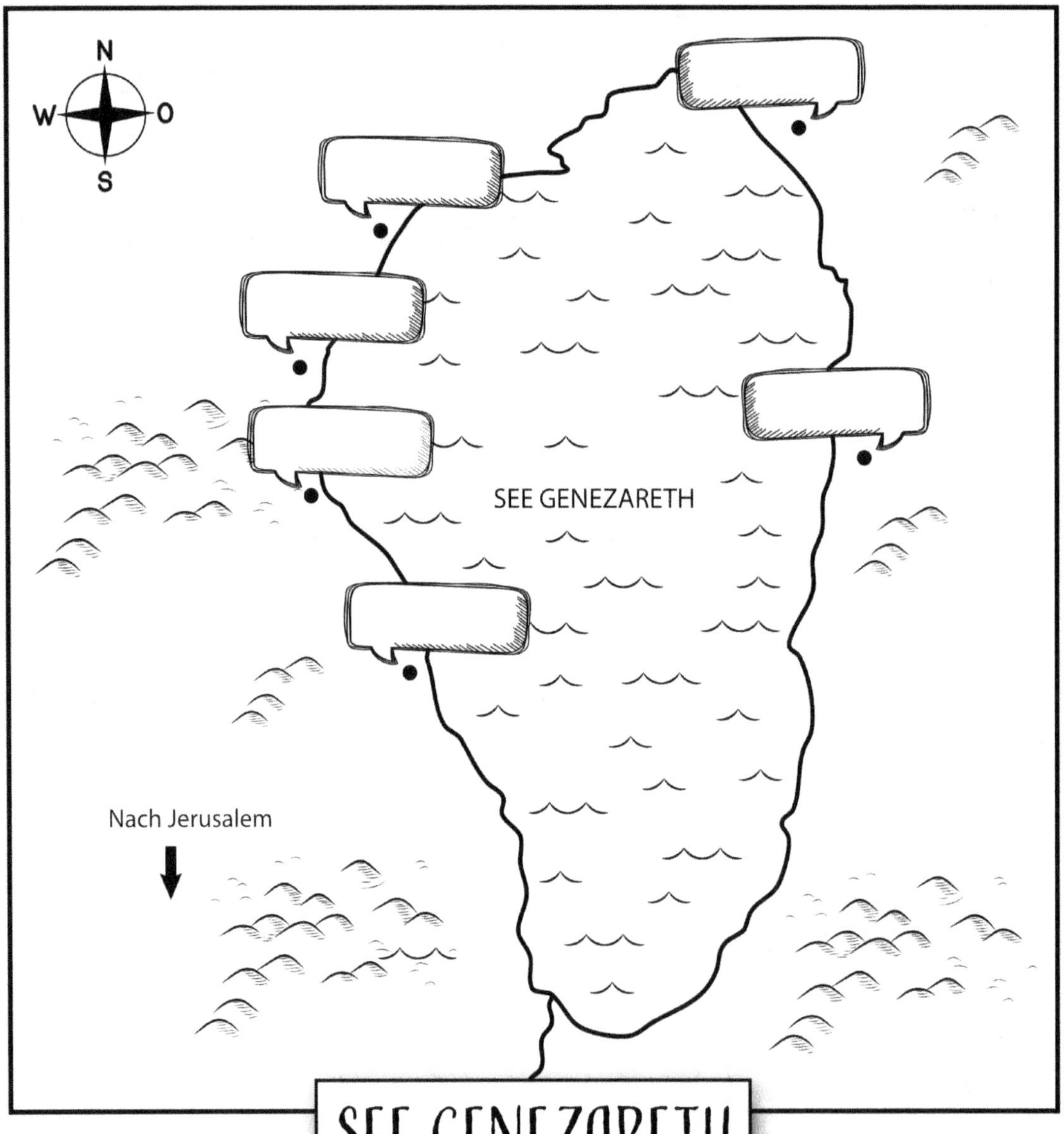

SEE GENEZARETH

Finde und markiere diese Orte auf der Karte:

TIBERIAS   GERASA
BETHSAIDA   MAGDALA
GINNOSSAR   KAPERNAUM

Davids Freundlichkeit

Lies 2. Samuel 9,1-13. Schreibe eine kurze Zusammenfassung dieser Bibelgeschichte.

....

....

....

1. Wer war der Sohn von Jonathan?

....

....

2. Was hat David für Jonatans Sohn getan?

....

....

3. Warum war David freundlich zu diesem Mann?

....

....

Zeichne dein Lieblingsbild aus dieser Geschichte.

Gott benutzte David, um...	Davids Freundlichkeit lehrt mich...

Freundlichkeit

Gott zeigt uns Freundlichkeit, indem er...

Schreibe über eine Situation, in der freundlich zu jemandem warst.

Wenn jemand unfreundlich zu mir ist, sollte ich...

Lies 2. Samuel 9,1-13. Wie hat David dem Mephiboset gegenüber Gottes Freundlichkeit erwiesen?

DIE FREUNDLICHKEIT DES BOAS

Schlage deine Bibel auf und lies Ruth 2,1-16.
Beantworte die Fragen. Male das Bild aus.

1. Wem gehörte das Feld? (Vers 3)

....
....
....
....

2. Was hat Boas für Ruth getan? (Vers 8-9)

....
....
....
....

3. Was hat Boas Ruth zu essen gegeben? (Vers 14)

....
....
....
....

LASST UNS FREUNDLICH SEIN

Schreibe auf die Schriftrolle unten fünf Möglichkeiten auf, wie du anderen gegenüber Freundlichkeit zeigen kannst.

....
....
....
....
....
....
....
....
....
....

Wie kannst du freundlich zu anderen sein?

FREUNDLICHKEIT...

Lies Galater 5,22-23. Freundlichkeit ist ein Ergebnis des Wirkens des Heiligen Geistes in uns. Schreibe einen Absatz und beschreibe eine Situation, in der du jemandem in deiner Familie Freundlichkeit gezeigt hast. Male das Bild unten auf der Seite aus.

LEKTION 6: Lektionsplan
Güte

Lehrer/ in: _____

Die heutige Bibelstelle: 2. Könige 22-23

Willkommensgebet:
Beten Sie ein einfaches Gebet mit den Kindern, bevor Sie mit der Lektion beginnen.

Lektionsziele:
In dieser Lektion lernen die Kinder:
1. Ein biblisches Beispiel für Güte
2. Güte zeigt sich in unserem Leben, wenn wir Gottes Gebote befolgen

Wussten Sie schon?
Josia war acht Jahre alt, als er König von Juda wurde (2. Könige 22,1).

Übersicht zur Bibelstunde:
Während Josia König von Juda war, fand ein Priester das Buch des Gesetzes im Tempel. Nachdem das Buch dem König vorgelesen wurde, sah er, dass die Hebräer Gottes Gebote nicht befolgten. Josia wollte, dass alle tun, was Gott ihnen gesagt hatte. Er riss heidnische Altäre ab, zerstörte die Höhen, auf denen die Menschen falsche Götter anbeteten, und begann, Gottes Feste wie das Pessach-Fest und das Fest der ungesäuerten Brote zu halten. Er tat, was in den Augen Gottes gut war, und Gott war zufrieden. (2. Chronik 34,1-2). Der König brachte das Gute ins Land zurück.

Rückblick:
Fragen, die Sie Ihren Schülern stellen können:
1. Was war das Buch des Gesetzes?
2. Warum zerriss König Josia seine Kleidung?
3. Was sind Beispiele für falsche Götter, Götzenbilder oder Idole? Hast du selbst welche in deinem Leben?
4. Auf welche Art hat König Josia in den Augen Gottes Güte gezeigt?
5. Basiert das „Gute", das du tust, auf Gottes Maßstäben in der Bibel oder auf den Maßstäben der Gesellschaft?

Ein Vers fürs Gedächtnis, der Kindern hilft, sich an Gottes Wort zu erinnern:
„Gütig ist der Herr, eine Zuflucht am Tag der Not; und er kennt die, welche auf ihn vertrauen." (Nahum 1,7)

Aktivitäten:
Arbeitsblatt: Lückentext
Bibel-Quiz: König Josia
Bibel-Wortsuche: König Josia
Arbeitsblatt zum Verständnis: Höhenheiligtümer
Bibel-Aktivität: Das erste Pessach-Fest
Malvorlage: Hiskia
Arbeitsblatt: Güte
Worträtsel: Wer ist gut?
Malvorlage: Güte
Kreatives Schreiben: Güte
Bibel-Aktivität: Karten-Sequenz „Frucht des Geistes"
Banner: Güte

Schlussgebet:
Beenden Sie die Stunde mit einem kleinen Gebet.

KÖNIG JOSIA

Lies 2. Könige 23,3-6. Fülle die Lücken aus.

„ König .... aber trat auf das Podium und machte einen Bund vor dem Herrn, dass sie dem Herrn nachwandeln und seine ...., seine Zeugnisse und seine Satzungen befolgen sollten von ganzem Herzen und von ganzer Seele, um die Worte dieses Bundes auszuführen, die in diesem Buch geschrieben standen. Und das ganze Volk trat in den Bund. Und der König gebot dem Hohenpriester Hilkija und den Priestern der zweiten Ordnung und den Hütern der Schwelle, dass sie aus der .... des Herrn alle Geräte entfernen sollten, die man dem Baal und der Aschera und dem ganzen Heer des Himmels gemacht hatte; und er verbrannte sie draußen vor ...., auf den Feldern des Tales ...., und brachte ihren Staub nach Bethel. Und er beseitigte die ...., die die Könige von .... eingesetzt hatten und die auf den Höhen, in den Städten Judas und um Jerusalem her räucherten; auch die, welche dem Baal, der Sonne und dem Mond und den Sternbildern und dem ganzen Heer des Himmels räucherten. Er ließ auch das Aschera-Standbild aus dem Haus des Herrn hinausbringen außerhalb von Jerusalem, ins Tal Kidron, und er .... es im Tal Kidron und zermalmte es zu Staub und warf seinen Staub auf die Gräber des gewöhnlichen Volkes. "

JOSIA KIDRON
GEBOTE GÖTZENPRIESTER
JERUSALEM TEMPELHALLE
JUDA VERBRANNTE

KÖNIG JOSIA

Lies 2. Könige 22,1- 23,28.
Beantworte die folgenden Fragen.

1. Wie alt war Josia, als er König wurde? ....

2. Wer war der Vater von Josia? (2. Könige 21) ....

3. Welche Materialien wurden gekauft, um den Tempel in Jerusalem zu reparieren? ....

4. Wer hat das Buch des Gesetzes gefunden? ....

5. Wer las Josia das Buch des Gesetzes vor? ....

6. Was tat Josia, als er das Buch des Gesetzes hörte? ....

7. Was ließ König Josia zerstören? ....

8. Welches Fest befahl Josia den Israeliten zu feiern? ....

9. Was geschah, nachdem Josia dem Volk das Gesetz vorgelesen hatte? ....

10. Wo verbrannte Josia das Aschera-Standbild aus dem Tempel? ....

KÖNIG JOSIA

Lies 2. Könige 22,1-23,28.
Finde die Wörter aus der Liste unten und kreise sie ein.

```
G G E B O T E B A Y P B O F Q D
D Q Q T V V T G N G E U A B I I
A I S E D U F I I H S C K W B E
E A Z M I G V T O N S H S Z A N
Z A R P E S H F X I A H C Z A E
J A Z E A P R A N Q C C D H L R
M E A L L A E A X P H Q P M H H
K J R L A U S B E S S E R N J I
W Z S U T Z Z A F L R W C M B L
Q X N X S A X T N O I A D H Y K
Y M R L J A E V J W R T T Y R I
B U G V B U L R N U Q D C Y F J
D Y H U B S D E E X U F T B I A
L G U E T E Q A M K O E N I G F
S J X V C M G E S E T Z F C Q Y
K I N J V I C O H N J O S I A K
```

PESSACH	GEBOTE	ALTAERE	AUSBESSERN
HILKIJA	BAAL	JERUSALEM	JUDA
DIENER	ISRAELIT	BUCH	JOSIA
TEMPEL	KOENIG	GESETZ	GUETE

HÖHENHEILIGTÜMER

Der Begriff „Höhenheiligtum" bezieht sich auf einen Ort, der der Anbetung falscher Götter wie Aschtoräth und Kemosch gewidmet war. Eine Höhenheiligtum war eine Erhebung der Erde oder ein Altar auf niedrigem Land, z. B. in einem Tal. Heiligtümer umfassten oft einen Altar und einen heiligen Gegenstand wie eine Steinsäule oder einen Holzpfahl in verschiedenen Formen. In 2. Könige 23 verunreinigte König Josia die Höhen, damit die Israeliten ihre falschen Gottheiten dort nicht mehr anbeten konnten.

Nicht alle Höhenheiligtümer waren für die Götzenanbetung bestimmt. Die früheste Erwähnung einer Anbetungsstätte, die später als Höhenheiligtum bezeichnet wurde, findet sich in 1. Mose 12,6-8, wo Abram Gott in Sichem und Hebron Altäre baute. Später baute er einen Altar in der Gegend von Morija, um Gottes Befehl, seinen Sohn zu opfern, zu gehorchen. Jakob errichtete eine Steinsäule in Bethel (1. Mose 28,18-19). Trotz der Warnungen Gottes fuhren die Israeliten fort, Gottheiten wie Moloch anzubeten und Baal-Heiligtümer zu errichten (Jeremia 32,35). Obwohl Salomo den Tempel in Jerusalem baute, errichtete er für seine Frauen in der Nähe Jerusalems götzendienerische Höhenheiligtümer und betete sie mit ihnen an, wodurch er schließlich sein Königreich verlor (1. Könige 11,11).

Male den Altar aus!

Was ist ein Höhenheiligtum?

....

Nenne drei biblische Figuren, die an hohen Orten Altäre errichteten.

....

PESSACH

König Josia hielt das Pessach- (oder Passah-) Fest in Jerusalem. Lies 2. Mose 11-12. Überlege, was die Bilder unten mit dem ersten Pessach-Fest zu tun haben. Ordne jedes Wort dem richtigen Bild zu.

Brot **Lamm** **Ägypten**

Sandalen **Kräuter**

Hiskia

Lies 2. Chronik 31,20-21 und schreibe den Bibelvers auf.

....

....

....

1. Lies 2. Chronik 29,5. Was tat Hiskia?
....
....

2. Lies 2. Chronik 30,5. Was tat Hiskia?
....
....

3. Lies 2. Chronik 31,1. Was tat Hiskia?
....
....

Zeichne deine Lieblingsszene aus einem dieser Bibelverse.

Gott benutzte Hiskia, um…	Güte ist gelebte Rechtschaffenheit. Das Leben von Hiskia lehrt mich…
....	....

Güte

Ich zeige Güte gegenüber meiner Familie, indem ich…

Zeichne ein Bild von Gottes Geboten.

König Josiah erfreute Gott, indem er…

Lies Jeremia 6,16. Was sind die alten Wege, die gut sind?

Wer ist gut?

Entwirre die Wörter, um die Antwort zu finden. *Tipp: Lies Psalm 100,5 (Schlachter-Bibel).*

Denn erd Herr sit tug; ensie

_____

aeGdn wärht eiihwglc udn

_____

esine rTeeu ovn cceelthGsh

_____

zu thchGcesel.

_____

„Denn er ist gütig ist und seine Gnade währt ewiglich über Israel."

GÜTE...

Lies Galater 6,10. Gott bittet uns, allen Menschen Gutes zu tun, besonders den Menschen, die an ihn glauben. Schreibe einen Absatz, um eine Zeit zu beschreiben, in der du gut zu jemandem warst. Was hast du getan? Male das Bild unten auf der Seite aus.

LEKTION 7 | Lektionsplan
Treue

Lehrer/ in: _____

Die heutige Bibelstelle: 1. Mose 12,1-7, 18,1-19 und 21,1-5

Willkommensgebet:
Beten Sie ein einfaches Gebet mit den Kindern, bevor Sie mit der Lektion beginnen.

Lektionsziele:
In dieser Lektion lernen die Kinder:
1. Ein biblisches Beispiel für Treue
2. Gott ehrt die, die treu sind

Wussten Sie schon?
Abraham war 100 Jahre alt, als sein Sohn Isaak geboren wurde (1. Mose 21,5).

Übersicht zur Bibelstunde:
Gott versprach, Abram zu einem großen Volk zu machen, ihn zu segnen und seinen Namen groß zu machen, wenn er sein Land und seine Verwandtschaft verlassen würde. Abraham hörte auf Gott und gehorchte ihm. Er verließ seine Heimatstadt und reiste mit seiner Familie und seinem Besitz in das Land Kanaan. Dort begegnete er vielen Prüfungen und Schwierigkeiten. Aber er war Gott treu und gehorchte ihm weiterhin. Und Gott hielt sein Versprechen an Abram (Abraham). Obwohl Sarah 90 Jahre alt war, wurde sie schwanger und bekam einen Jungen namens Isaak. Mit der Zeit vermehrten sich die Nachkommen Abrahams und wurden über die ganze Erde verstreut.

Rückblick:

Fragen, die Sie Ihren Schülern stellen können:

1. Was hat Gott Abraham in 1. Mose 12,1-3 versprochen?
2. Wie hat Abraham gezeigt, dass er ein treuer Diener war?
3. Wie hat Gott die Treue Abrahams belohnt?
4. Kannst du drei berühmte Nachkommen von Abraham nennen?
5. Wie können wir heutzutage treue Diener sein?

 Ein Vers fürs Gedächtnis, der Kindern hilft, sich an Gottes Wort zu erinnern:

„Gott ist der treue Gott, der den Bund und die Gnade denen bewahrt, die ihn lieben und seine Gebote bewahren, auf tausend Generationen." (5. Mose 7,9)

 ### Aktivitäten:

Arbeitsblatt: Lückentext
Bibel-Quiz: Abraham
Bibel-Wortsuche: Treue
Bibel-Aktivität: Abrahams Reise
Karte: Abrahams Reise
Malvorlage: Treue Freunde
Arbeitsblatt: Treue
Malvorlage/ Quiz: Davids Treue
Malvorlage: Treue
Kreatives Schreiben: Treue wird belohnt
Banner: Treue

 ### Schlussgebet:
Beenden Sie die Stunde mit einem kleinen Gebet.

DER TREUE DIENER

Lies Apostelgeschichte 7,2-8. Fülle die Lücken aus.

„Der Gott der Herrlichkeit erschien unserem Vater ...., als er in Mesopotamien war, bevor er in Haran wohnte, und sprach zu ihm: „Geh hinaus aus deinem Land und aus deiner Verwandtschaft und zieh in das Land, das ich dir zeigen werde!" Da ging er aus dem Land der .... und wohnte in Haran. Und nach dem Tod seines .... führte er ihn von dort herüber in dieses Land, das ihr jetzt bewohnt. Und er gab ihm kein Erbteil darin, auch nicht einen Fußbreit, und ...., es ihm zum Eigentum zu geben und seinem Samen nach ihm, obwohl er kein Kind hatte. Gott sprach aber so: „Sein Same wird ein Fremdling sein in einem fremden Land, und man wird ihn knechten und übel behandeln 400 Jahre lang. Und das Volk, dem sie als Knechte dienen sollen, will ich richten," sprach Gott; „und danach werden sie ausziehen und mir .... an diesem Ort." Und er gab ihm den .... der Beschneidung. Und so zeugte er den Isaak und beschnitt ihn am achten Tag, und Isaak den ...., und Jakob die .... Patriarchen."

ABRAHAM	CHALDÄER
VERHIEß	VATERS
BUND	DIENEN
JAKOB	ZWÖLF

ABRAHAM

Lies 1. Mose 12,1-20, 14,1-15,20, 17,1-27
und 21,1-34.
Beantworte die folgenden Fragen.

1. Wo wurde Abram geboren? ....

2. Wer war der Vater von Abram? ....

3. Wen hat Abram geheiratet? ....

4. Welches Land hat Gott Abram versprochen? ....

5. Was hat Abram getan, nachdem Lot gefangen genommen wurde? ....

6. Was hat Melchisedek Abram gegeben? ....

7. Was bedeutete Gottes neuer Name für Abraham? ....

8. Wie alt war Abraham, als er Vater wurde? ....

9. Wie hieß der besondere Sohn Abrahams? ....

10. Abraham reiste in welches Land, um der Hungersnot zu entkommen? ....

TREUE

Abraham, David, Daniel und Hiskia gehorchten den Anweisungen Gottes und waren ihm treu. Finde die Wörter aus der Liste unten und kreise sie ein.

GERECHT	ABRAHAM	BABYLON	KANAAN
HISKIA	THORA	FRUCHT	HARAN
HEILIGER	GLAUBE	KOENIG	DANIEL
GEIST	MESSIAS	ISRAELITEN	DAVID

Abrahams Reise

Lies 1. Mose 12. Abraham verließ seine Heimat und reiste in das Land Kanaan. Was denkst du, was er mitnahm? Denke über das Leben im alten Mesopotamien nach und erstelle eine Liste von Gegenständen. Zeichne die Gegenstände in den Sack.

1. ....
2. ....
3. ....
4. ....
5. ....
6. ....
7. ....
8. ....
9. ....
10. ....

ABRAHAMS REISE

Lies 1. Mose 12. Abraham verließ die Stadt Ur und reiste in das Land Kanaan. Zeichne seine Reise nach, indem du die Punkte verbindest. Male die Karte aus.

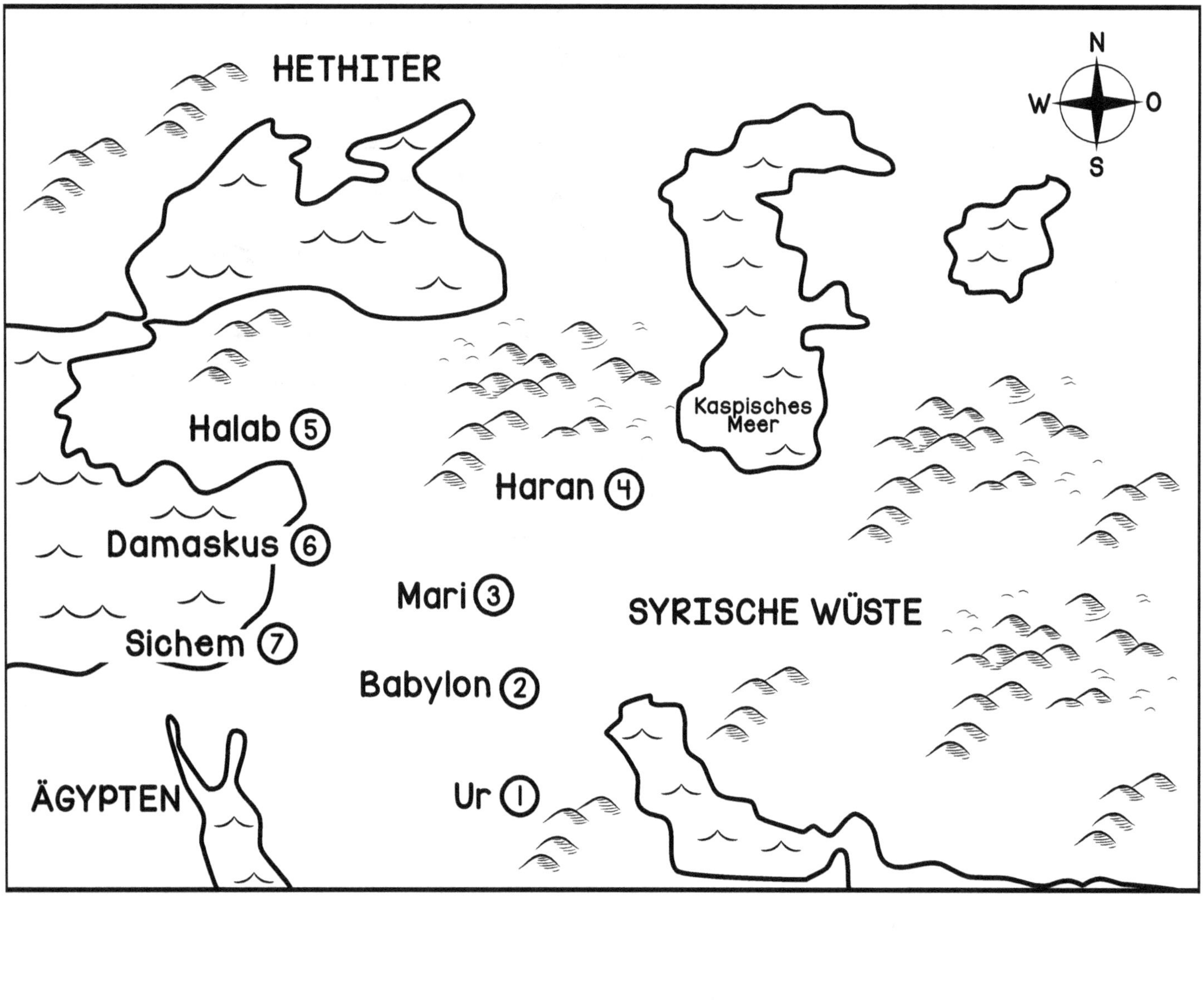

Treue Freunde

Lies 1. Samuel 19,1-7 und 23,15-18. Fasse diese beiden Bibelstellen in zwei Sätzen zusammen.

....

....

....

1. Wer war der Vater von Jonathan?

....

....

2. Wie hat Jonathan seine Liebe zu David gezeigt?

....

....

3. Was taten David und Jonathan vor Gott?

....

....

Zeichne deine Lieblingsszene aus einer dieser Geschichten.

Gott benutzte Jonathan, um...	Ich bin ein treuer Freund, weil...

Treue

Wenn die Geschichte von Abraham ein Buch wäre, würde das Cover so aussehen...

Lies Psalm 37,28-29. Gott wird meine Treue belohnen, indem er...

Lies Hebräer 11,8-12. Abraham zeigte Gott, dass er treu war, indem er...

Zeichne ein Bild von David und seinem treuen Freund Jonathan.

DAVIDS TREUE

Schlage die Bibel auf und lies 1. Samuel 26,1-25.
Beantworte die Fragen. Male das Bild aus.

1. Wie hat David gezeigt, dass er ein treuer Diener Sauls und Gottes war? (Vers 9)

....
....
....
....

2. Was nahm David mit, als er das Lager verließ? (Vers 12)

....
....
....
....

3. Was hat Saul zu David gesagt? (Vers 25)

....
....
....
....

„Durch Glauben gehorchte Abraham, als er berufen wurde, nach dem Ort auszuziehen, den er als Erbteil empfangen sollte; und er zog aus, ohne zu wissen, wohin er kommen werde."

(Hebräer 11,8)

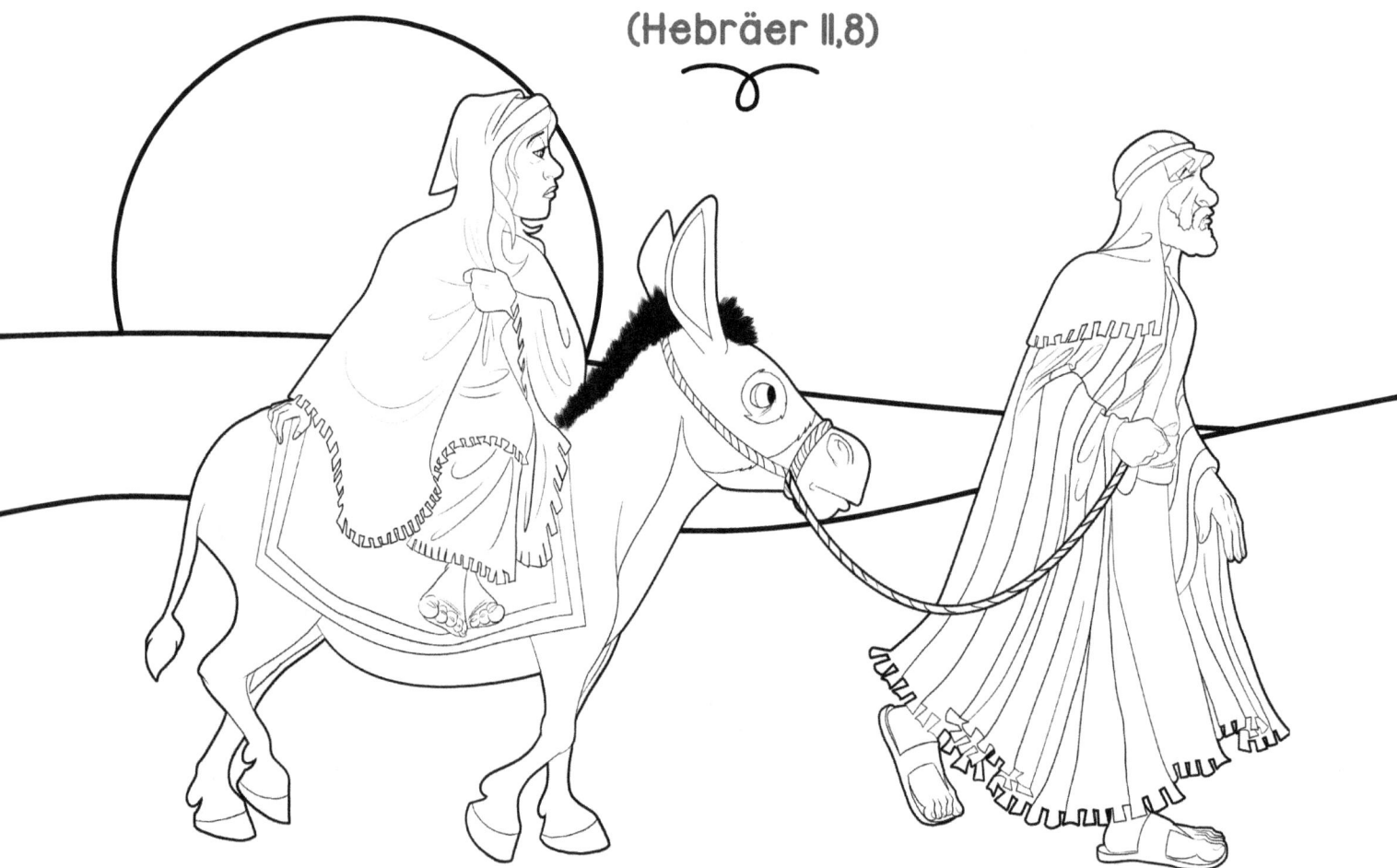

TREUE WIRD BELOHNT

Lies Hebräer 11,8-19. Abraham befolgte Gottes Anweisungen und reiste in das Land Kanaan. Gott belohnte Abrahams Treue, indem er seine Nachkommenschaft so zahlreich wie die Sterne am Himmel machte. Schreibe einen Absatz, in dem du erklärst, wie du Gott gegenüber treu bist. Male das Bild unten auf der Seite aus.

....

....

....

....

....

....

LEKTION 8 | Lektionsplan
Sanftmut

Lehrer/ in: _____

Die heutige Bibelstelle: 4. Mose 12,1-16

Willkommensgebet:
Beten Sie ein einfaches Gebet mit den Kindern, bevor Sie mit der Lektion beginnen.

Lektionsziele:
In dieser Lektion lernen die Kinder:
1. Ein biblisches Beispiel für Sanftmut
2. Sanftmut ist Kraft und Macht unter Kontrolle

Wussten Sie schon?
Mose war achtzig Jahre alt, als er vor dem Pharao erschien und die Israeliten aus Ägypten herausführte (2. Mose 7,7).

Übersicht zur Bibelstunde:
„Mose war ein sanftmütiger Mann, sanftmütiger als alle Menschen auf Erden." In dieser Bibelstelle richteten sich Moses Bruder und Schwester (Aaron und Mirjam) gegen Mose. Sie griffen ihn an, weil er eine kuschitische Frau geheiratet hatte, und stellten seine Autorität in Frage. Anstatt zurückzuschlagen oder sie als Lügner zu bezeichnen, zeigte Mose große Zurückhaltung. Er war geduldig mit seinem Bruder und seiner Schwester. Aber Gott war nicht zufrieden mit dem Verhalten von Aaron und Mirjam. Er rief sie in die Stiftshütte, um ihnen zu sagen, dass Mose sein treuer Diener sei. Zur Strafe machte Er Mirjam aussätzig und sie wurde für sieben Tage aus dem israelitischen Lager ausgeschlossen.

Rückblick:
Fragen, die Sie Ihren Schülern stellen können:
1. In welcher Beziehung standen Mirjam und Aaron zu Mose?
2. Warum haben Mirjam und Aaron gegen Mose gesprochen?
3. Wie, denkst du, sieht Gott Menschen, die gegen seine Diener sprechen?
4. Warum wurde Mirjam sieben Tage lang aus dem Lager verbannt?
5. Wie hat Mose in dieser Geschichte Sanftmut gezeigt?

Ein Vers fürs Gedächtnis, der Kindern hilft, sich an Gottes Wort zu erinnern:
„Eine sanfte Antwort wendet den Grimm ab, ein verletzendes Wort aber reizt zum Zorn." (Sprüche 15,1)

Aktivitäten:
Arbeitsblatt: Lückentext
Bibel-Quiz: Mirjam und Aaron widersetzen sich Mose
Bibel-Wort-Suche: Sanftmut
Arbeitsblatt: Leben in der Wüste
Arbeitsblatt zum Verständnis: Die Stiftshütte
Arbeitsblatt: Mein Reisetagebuch
Malvorlage: Sanftmut
Arbeitsblatt: Mose
Malvorlage: Frucht des Geistes
Kreatives Schreiben: Sanftmut
Banner: Sanftmut
Bibel-Basteln: Ein Lapbook basteln

Schlussgebet:
Beenden Sie die Stunde mit einem kleinen Gebet.

AARON UND MIRJAM WIDERSETZEN SICH MOSE

Lies 4. Mose 12,1-9. Fülle die Lücken aus.

> Mirjam aber und .... redeten gegen .... wegen der .... Frau, die er genommen hatte; denn er hatte eine Kuschitin zur Frau genommen. Und sie sprachen: Redet denn der Herr allein zu Mose? Redet er nicht auch zu uns? Und der Herr hörte es. Aber Mose war ein sehr sanftmütiger Mann, sanftmütiger als alle Menschen auf Erden. Da sprach der Herr plötzlich zu Mose und zu Aaron und zu Mirjam: Geht ihr drei hinaus zur Stiftshütte! Und sie gingen alle drei hinaus. Da kam der Herr in der .... herab und trat an den Eingang der Stiftshütte, und er rief Aaron und Mirjam, und die beiden gingen voraus. Und er sprach: Hört doch meine Worte: Wenn jemand unter euch ein .... des Herrn ist, dem will ich mich in einem Gesicht offenbaren, oder ich will in einem Traum zu ihm reden. Aber nicht so mein .... Mose: er ist .... in meinem ganzen Haus. Mit ihm rede ich von Mund zu Mund, von Angesicht zu Angesicht und nicht rätselhaft, und er schaut die Gestalt des Herrn. Warum habt ihr euch denn nicht gefürchtet, gegen meinen Knecht Mose zu reden? Und der Zorn des Herrn .... über sie, und er ging.

AARON
MOSE
WOLKENSÄULE
KNECHT

TREU
PROPHET
ENTBRANNTE
KUSCHITISCHEN

AARON UND MIRJAM WIDERSETZEN SICH MOSE

Lies 4. Mose 12,1-15.
Beantworte die folgenden Fragen.

1. In welcher Beziehung standen Aaron und Mirjam zu Mose? ....

2. Warum haben Aaron und Mirjam gegen Mose gesprochen? ....

3. Mose war sanftmütiger (demütiger) als wer? ....

4. An welchem Ort bat Gott Mose, Aaron und Mirjam, sich zu versammeln? ....

5. Wie ist Gott Mose, Aaron und Mirjam erschienen? ....

6. Wie sprach Gott zu Mose? ....

7. Was geschah mit Mirjam, nachdem Gott sie verlassen hatte? ....

8. Was bat Mose Gott zu tun? ....

9. Wie reagierte Gott auf Moses Gebet? ....

10. Wie lange war Mirjam außerhalb des Lagers? ....

SANFTMUT

Mose war sowohl sanftmütig als auch stark. Lies 4. Mose 12,1-15.
Finde die Wörter aus der Liste unten und kreise sie ein.

BESCHEIDENHEIT	KNECHT	WUESTE	ISRAELITEN
MIRJAM	LAGER	FRUCHT	WOLKE
DEMUT	AUSSATZ	SANFTMUT	MOSE
KUSCHITIN	BIBEL	STIFTSHUETTE	AARON

LEBEN IN DER WÜSTE

Während Mose und die Israeliten vierzig Jahre lang durch die Wüste zogen, lebten sie in Zelten. Zelte wurden normalerweise aus schwarzer oder brauner Wolle und Ziegenhaar hergestellt und zusammengenäht, so dass man ein Dach und Seitenwände hatte. Zeichne eine israelitische Familie im Inneren ihres Zeltes, um das Bild zu vervollständigen.

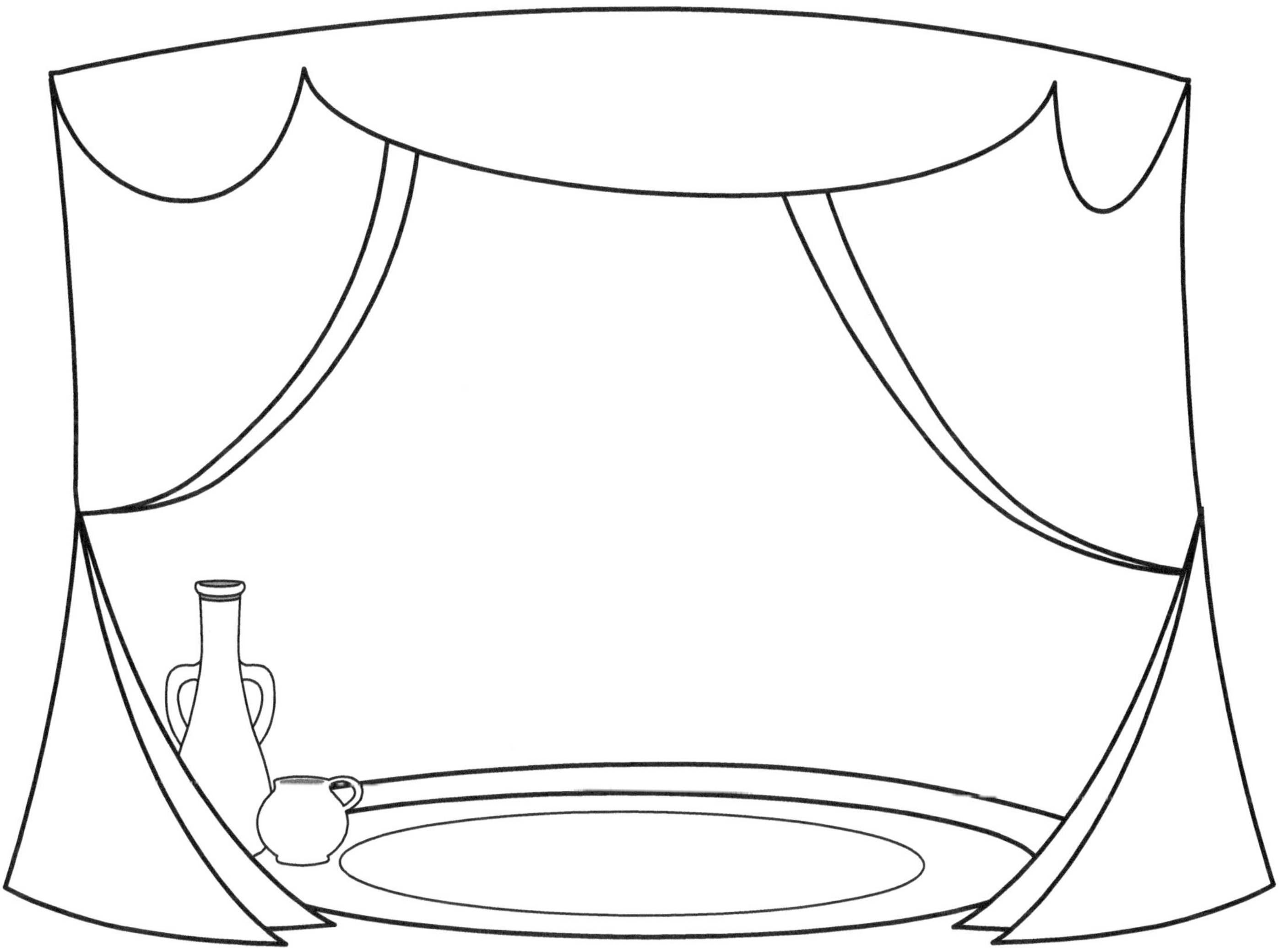

DIE STIFTSHÜTTE

Die Stiftshütte war ein heiliger Ort, an dem Gott den Israeliten während der vierzig Jahre, die sie in der Wüste lebten, begegnete. Sie stellte Gottes Thron auf der Erde dar und symbolisierte, dass Gott unter seinem Volk wohnte. Hier kamen die Israeliten zusammen, um Gott anzubeten und Opfer darzubringen. Die Stiftshütte war eine zeltartige Struktur, die mit Tierhäuten bedeckt und von einem weißen Leinenzaun umgeben war. Die Stiftshütte selbst war in zwei Bereiche unterteilt – das Heilige und das Allerheiligste – und nur die Priester konnten diese Bereiche betreten. Alle Möbel im Heiligtum waren aus Gold, so wie Gott es befohlen hatte.

Es war die Aufgabe der Leviten, die Stiftshütte zu tragen und sie dort aufzustellen, wo die Israeliten ihr Lager aufschlugen. Wenn die Leviten die Stiftshütte aufrichteten, stellten sie sie in die Mitte des Lagers. Mose, Aaron und die Priester lagerten auf der Ostseite neben dem Eingang, und die anderen Stämme Israels wurden in vier Lager um die äußere Umzäunung der Stiftshütte gruppiert.

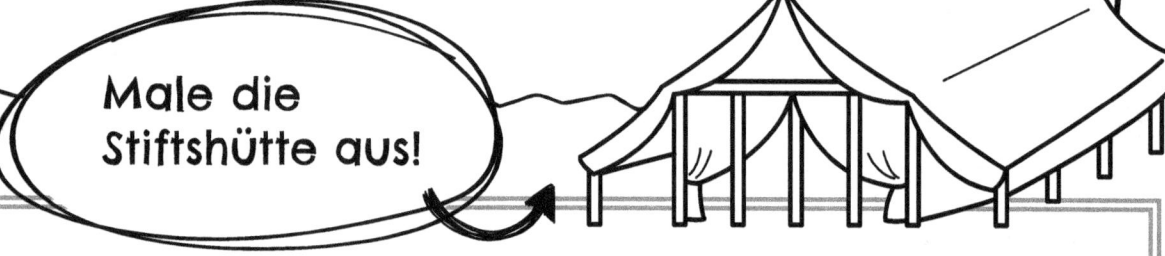

Male die Stiftshütte aus!

Welcher Ort durfte nur von den Priestern betreten werden?

....

Wessen Aufgabe war es, die Stiftshütte von Ort zu Ort zu tragen?

....

MEIN REISETAGEBUCH

Mose führte die Israeliten vierzig Jahre lang durch die Wüste. Stell dir vor, du bist ein Israelit. Was hast du auf deinem Weg ins Gelobte Land gesehen? Zeichne deine Reise unten auf.

Das habe ich gelernt...

Das habe ich gehört...

Gott hat mir gezeigt...

Das habe ich gefunden...

Das Seltsamste, was ich gesehen habe, war...

Sanftmut

Lies Kolosser 3,12 und schreibe den Bibelvers auf.

....

....

....

Schreibe über eine Zeit in deinem Leben, in der du Sanftmut gezeigt hast.

....
....
....
....
....
....
....
....
....

Lies Sprüche 15,1. Zeichne das Sprichwort so, dass deine Freunde es erraten können.

Was ist die Bedeutung von Sprüche 15,1?	Sprüche 15,1 lehrt mich...

Mose

Wenn die Geschichte von Moses Leben ein Buch wäre, würde das Cover so aussehen…

Denke über das Leben von Mose nach. Wie hat Gott Mose Sanftmut gelehrt?

Titus 3,1-2 sagt uns, dass wir…

Lies 4. Mose 12,3-16. Gott schritt für Mose ein, indem er…

„Die Frucht des Geistes aber ist Liebe, Freude, Friede, Langmut, Freundlichkeit, Güte, Treue, Sanftmut, Selbstbeherrschung..."

(Galater 5,22-23)

SANFTMUT

Finde drei Bibelverse, in denen Sanftmut erwähnt wird.
Schreibe die Verse auf die Zeilen unten. Male das Bild unten auf der Seite aus.

....

....

....

....

....

....

LEKTION 9 | Lektionsplan
Selbstbeherrschung

Lehrer/ in: _____

Die heutige Bibelstelle: 1. Samuel 24,1-22

Willkommensgebet:
Beten Sie ein einfaches Gebet mit den Kindern, bevor Sie mit der Lektion beginnen.

Lektionsziele:
In dieser Lektion lernen die Kinder:
1. Ein biblisches Beispiel für Selbstbeherrschung
2. Selbstkontrolle in unserem Leben führt zu klugen Entscheidungen

Wussten Sie schon?
Als David jünger war, ließ ihn König Saul auf der Harfe spielen, um seine Schwermut zu vertreiben (1. Samuel 16,22-23).

Übersicht zur Bibelstunde:
König Saul wählte 3000 Männer aus, um nach David zu suchen. Nach einiger Zeit blieben die Männer in der Nähe einer Höhle stehen. Saul ging hinein, um seine Notdurft zu verrichten. Zum Unglück für Saul waren David und seine Männer auch in der Höhle! Davids Männer sagten ihm: „Das ist der Tag, von dem der Herr zu dir gesagt hat: Siehe, ich will deinen Feind in deine Hand geben, dass du mit ihm machst, was dir gefällt!" Aber David war damit nicht einverstanden. Stattdessen schnitt er einen Zipfel von Sauls Obergewand ab. Nachdem Saul die Höhle verlassen hatte, folgte David ihm nach draußen und zeigte ihm den Zipfel. Er sagte zu Saul: „Ich will meine Hand nicht an meinen Herrn legen; denn er ist der Gesalbte des Herrn (der von Gott auserwählte König)!"

Rückblick:
Fragen, die Sie Ihren Schülern stellen können:
1. Wie viele Männer suchten nach David?
2. Was hat David mit König Saul gemacht?
3. Wie hat David Selbstbeherrschung gezeigt?
4. Warum ist es klug, in deinem Leben Selbstbeherrschung zu zeigen?
5. Sprecht über Beispiele für Selbstbeherrschung in eurem Leben.

 Ein Vers fürs Gedächtnis, der Kindern hilft, sich an Gottes Wort zu erinnern:

„Ein Tor lässt all seinem Unmut freien Lauf, aber ein Weiser hält ihn zurück."
(Sprüche 29,11)

Aktivitäten:
Arbeitsblatt: Lückentext
Bibel-Quiz: David verschont das Leben von Saul
Bibel-Wortsuche: David verschont das Leben von Saul
Malvorlage: David & Saul
Arbeitsblatt zum Verständnis: König Saul
Arbeitsblatt: Selbstbeherrschung
Bibelvers-Rätsel: Hast du Selbstbeherrschung?
Arbeitsblatt: Selbstbeherrschung
Malvorlage: Selbstbeherrschung
Kreatives Schreiben: Selbstbeherrschung
Bibel-Basteln: Errate den Bibelvers
Banner: Selbstbeherrschung

 ### Schlussgebet:
Beenden Sie die Stunde mit einem kleinen Gebet.

DAVID VERSCHONT DAS LEBEN VON SAUL

Lies 1. Samuel 24,1-8. Fülle die Lücken aus.

„Und es geschah, als Saul von der Verfolgung der .... zurückkehrte, da wurde ihm berichtet: Siehe, David ist in der Wüste von En-Gedi! Und Saul nahm 3000 auserlesene Männer aus ganz .... und zog hin, um .... samt seinen Männern zu suchen, auf den Steinbockfelsen. Und als er zu den Schafhürden am Weg kam, war dort eine ....; und Saul ging hinein, um seine Füße zu bedecken. David aber und seine Männer saßen hinten in der Höhle. Da sprachen die Männer Davids zu ihm: Siehe, das ist der Tag, von dem der .... zu dir gesagt hat: Siehe, ich will deinen Feind in deine Hand geben, dass du mit ihm machst, was dir gefällt! Und David stand auf und schnitt heimlich einen Zipfel von Sauls .... ab. Aber es geschah danach, da schlug ihm sein Herz, weil er den Zipfel von Sauls Obergewand abgeschnitten hatte; und er sprach zu seinen Männern: Das lasse der Herr ferne von mir sein, dass ich so etwas tue und meine Hand an meinen Herrn, den .... des Herrn, lege; denn er ist der Gesalbte des Herrn! So hielt David seine .... mit diesen Worten zurück und ließ ihnen nicht zu, sich gegen Saul zu erheben. Saul aber machte sich auf aus der Höhle und ging seines Weges."

PHILISTER   OBERGEWAND
HERR   GESALBTEN
DAVID   MÄNNER
HÖHLE   ISRAEL

DAVID VERSCHONT DAS LEBEN VON SAUL

Lies 1. Samuel 24,1-22.
Beantworte die folgenden Fragen.

1. Von wo war Saul zurückgekehrt? ....
2. Wie viele Männer wählte Saul aus, um ihm zu helfen, David zu finden? ....
3. Warum ist Saul in die Höhle gegangen? ....
4. In welchem Teil der Höhle saßen David und seine Männer? ....
5. Was hat David mit Saul in der Höhle gemacht? ....
6. Was verbot David seinen Männern zu tun? ....
7. Was tat David, als Saul ihn außerhalb der Höhle sah? ....
8. Was tat Saul, nachdem David seine Rede beendet hatte? ....
9. Welches Königreich, sagte Saul, wurde durch Davids Hand errichtet werden? ....
10. Wohin gingen Saul und David, nachdem sie ihr Gespräch beendet hatten? ....

DAVID VERSCHONT DAS LEBEN VON SAUL

Lies 1. Samuel 24,1-22. Finde die Wörter aus der Liste unten und kreise sie ein.

```
S C H A F H U E R D E V D Y S V
E C K E X D G V Y T E A T Q I F
O H L G R G V F U W I H Z G C H
I V H W Z W E U X N H G M E D E
S T R P C K S S Q Y L Z T W X B
R W Y C P O P X A W G M H A W R
A S A U L E N O S L G U O N R A
E Y K R X N C Y U B B T E D A E
L P H I L I S T E R W T H O D E
R E Q I Y G O Z V E H G L Y A R
E N D R X R J W X S A E E K V R
V G K O E N I G R E I C H M I B
Z E J A W V X X X N G I W H D Z
V D F Z S P P X S O L D A T E C
U I C K G R B R G W I K Q A J Q
F E L S E N V I S R A E L I T N
```

HEBRAEER	ECKE	KOENIG	GEWAND
KOENIGREICH	ENGEDI	GESALBT	SAUL
FELSEN	SOLDAT	SCHAFHUERDE	ISRAEL
PHILISTER	ISRAELIT	HOEHLE	DAVID

David & Saul

Lies 1. Samuel 24,1-22. Schreibe eine Zusammenfassung dieser Bibelgeschichte.

....

....

....

1. Wo hat David Saul gefunden?

....

....

2. Was hat David mit Saul gemacht?

....

....

3. Warum sagte David seinen Männern, sie sollten Saul nicht angreifen?

....

....

Zeichne deine Lieblingsszene aus dieser Geschichte.

David zeigte Selbstbeherrschung, indem er...	Diese Geschichte lehrt mich...

KÖNIG SAUL

Saul, ein Benjaminiter aus dem Bergdorf Gibea, war der erste König Israels. Sauls Königreich war nach heutigen Maßstäben sehr klein; es umfasste nur das Gebiet von Benjamin und das zentrale Hochland von Israel. König Saul schuf in der Stadt Gibea einen Stützpunkt, eine königliche Verwaltung und eine eigene Armee. Auch wenn Sauls neues Königreich nicht groß oder mächtig war, legte es doch den Grundstein für Davids zukünftigen militärischen und wirtschaftlichen Erfolg. Zu Beginn der Regierungszeit von König Saul besiegte seine Armee die Ammoniter, Moabiter, Edomiter und Amalekiter. Doch Gott war König Saul nicht sehr lange wohlgesonnen. Nachdem Saul Gott nicht gehorchte, indem er König Agag von den Amalekitern zusammen mit einigem von seinem besten Vieh rettete, wandte sich Gott von ihm ab und wählte David zum nächsten König von Israel. Saul wurde sehr eifersüchtig auf David und verbrachte Jahre mit dem Versuch, ihn zu töten.

Male König Saul aus!

Wie groß war das Königreich von Saul?

....

Warum, glaubst du, wurde Saul eifersüchtig auf David?

....

Selbstbeherrschung

Wenn die Geschichte von David & Saul ein Buch wäre, würde das Cover so aussehen...

Lies Lukas 4,13. Wie hat Jeschua der Versuchung widerstanden?

Lies Sprüche 29,20. Was bedeutet es, übereilte Worte zu sprechen?

Lies Nehemia 4. Nehemia zeigte Gott, dass er selbstbeherrscht war, indem er...

HAST DU SELBSTBEHERRSCHUNG?

Was sagt die Bibel über einen Mann, der keine Selbstbeherrschung hat? Dieser Bibelvers ist als Geheimcode geschrieben. Verwende die Tabelle unten auf der Seite, um die fehlenden Buchstaben zu ergänzen und den Code zu knacken!
Tipp: Lies Sprüche 25,28 (Schlachter-Bibel)

```
_  _ _ _  _ _ _ _  _ A _  _ _ _ _ _
11 8 9    9 8 24 9 26 10 20 15 10 17 8 10

_  _  _  _  _  _  _  _  _  _  _  _  _  _  _  _  _  _  _  _  _  _ ,
24 8  9 15  9 21 19  9 21  8 26 26  9 24  9 24 17 20  I  9 21 24

      _ O     _ _ _    _ _ _    _ _ _ _ ,    _ _ _
      26 12   8 26 10  9 8 24   17 20 24 24   15 9 21

_ _ _ _ _ _  _ _ _ _ _   _ _ _ _ _ _
26 9 8 24 9 24 19 9 8 26 10 24 8 2 14 10

B _ _ _ _ _ _ _ _ _ _  _ A _ _
6 9 14 9 21 21 26 2 14 9 24  16 20 24 24
```

A	B	C	D	E	F	G	H	I	J	K	L	M
20	6											

N	O	P	Q	R	S	T	U	V	W	X	Y	Z
	12											

Selbstbeherrschung

Lies Sprüche 25,28 und schreibe das Sprichwort auf.

....

....

....

Schreibe über eine Zeit in deinem Leben, in der du Selbstbeherrschung gezeigt hast.

Zeichne das Sprichwort so, dass deine Freunde es erraten können.

Was ist die Bedeutung von Sprüche 25,28?

Sprüche 25,28 lehrt mich...

„Denn Gott hat uns nicht einen Geist der Furchtsamkeit gegeben, sondern der Kraft und der Liebe und der Selbstbeherrschung."

(2. Timotheus 1,7)

SELBSTBEHERRSCHUNG

Lies Titus 2,1-12. Schreibe einen kurzen Absatz, um zu erklären, warum Gott möchte, dass du Selbstbeherrschung hast. Male das Bild unten auf der Seite aus.

HANDWERK & PROJEKTE

Ein mobile basteln

Sie benötigen:

1. Karton
2. Farbe, Filzstifte oder Buntstifte
3. Faden
4. Eine Schere (nur für Erwachsene)
5. Klebestift oder Klebeband
6. Hölzerne Stäbe

Anleitung:

1. Bitten Sie die Kinder, die Früchte in jedem Kreis auszumalen.
2. Wenn die Kinder mit dem Malen fertig sind, schneiden Sie die Teile des Mobiles aus und kleben sie auf schweren Karton. Warten Sie, bis der Kleber getrocknet ist.
3. Schneiden Sie die Teile des Mobiles vorsichtig aus.
4. Machen Sie an der Oberseite jedes Teils ein Loch, fädeln Sie einen Faden hindurch und befestigen Sie sie an einem Holzstück.

- Selbstbeherrschung
- Güte 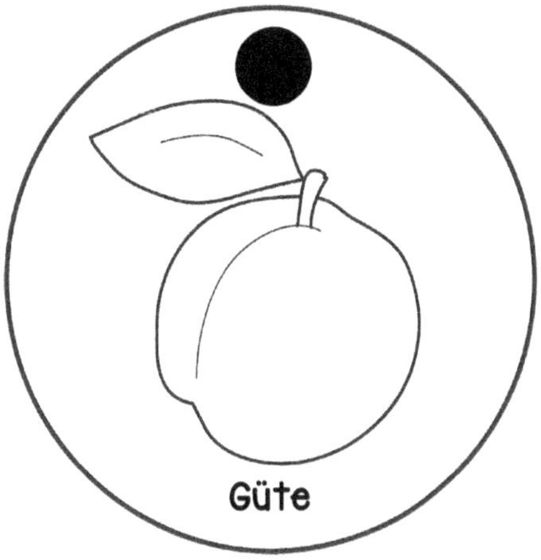
- Sanftmut 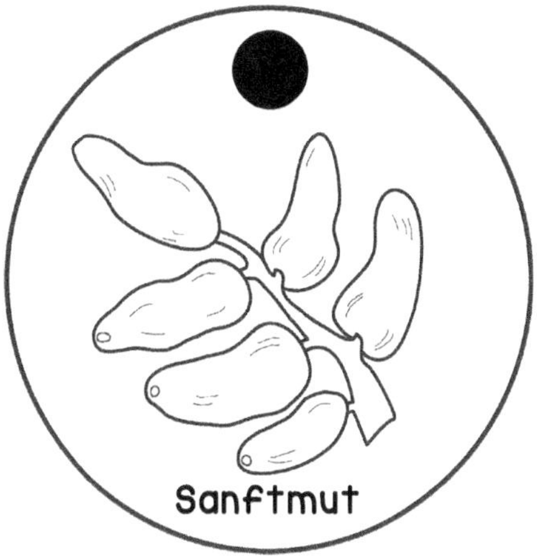
- Frieden 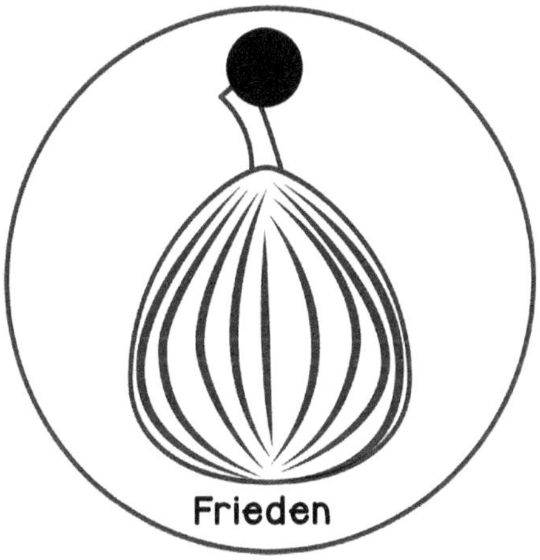
- Liebe 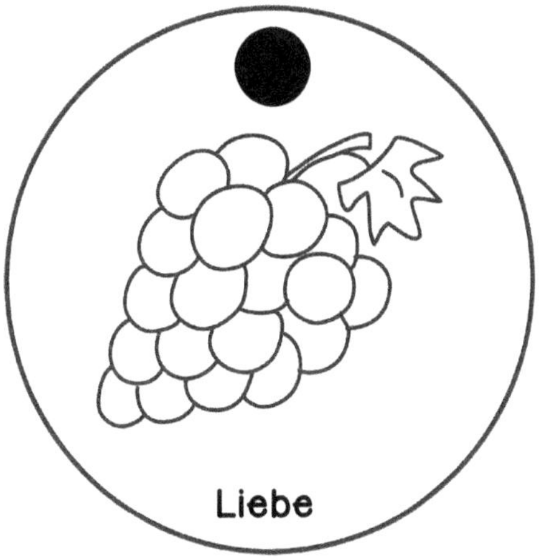
- Geduld 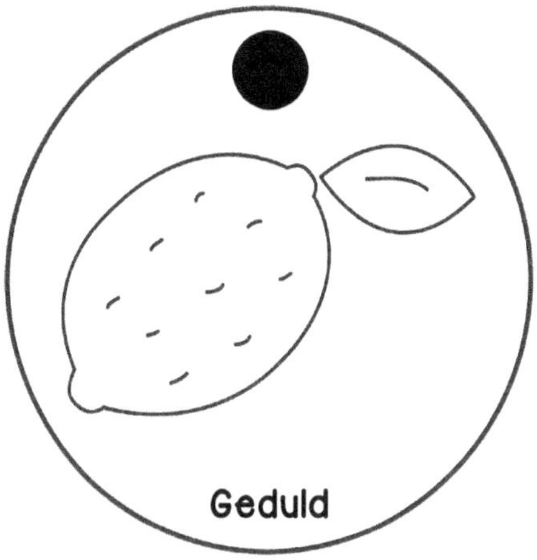
- Freundlichkeit 
- Freude 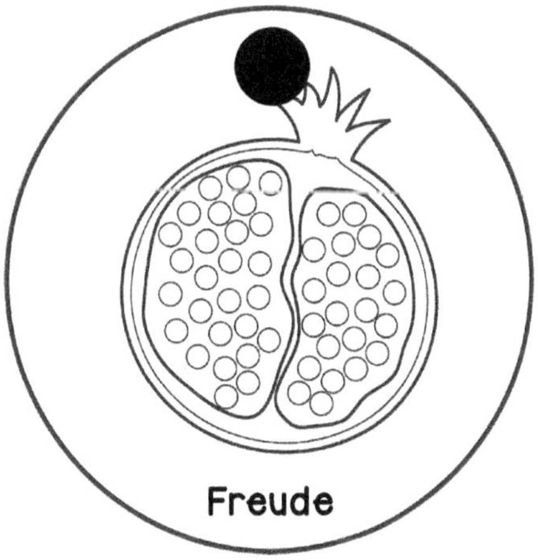
- Treue

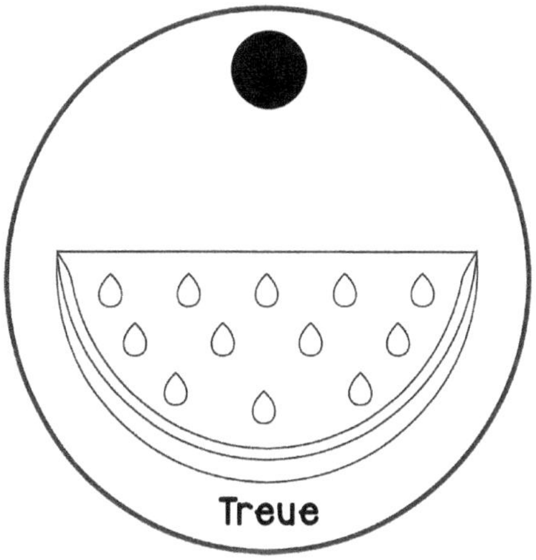

Frucht des Geistes Fingerpuppen

Sie benötigen:

1. Dicker Karton
2. Farbe, Filzstifte oder Buntstifte
3. Eine Schere (nur für Erwachsene)
4. Schulkleber oder Klebestift und Klebeband

Anleitung:

1. Malen Sie die Fingerpuppen aus.
2. Kleben Sie die Puppenstreifen auf ein Stück dicken Karton und warten Sie, bis der Kleber getrocknet ist.
3. Schneiden Sie die Fingerpuppen sorgfältig aus.
4. Wickeln Sie die Laschen der Puppen um die Finger und kleben Sie sie fest.

LIEBE FREUDE FRIEDEN

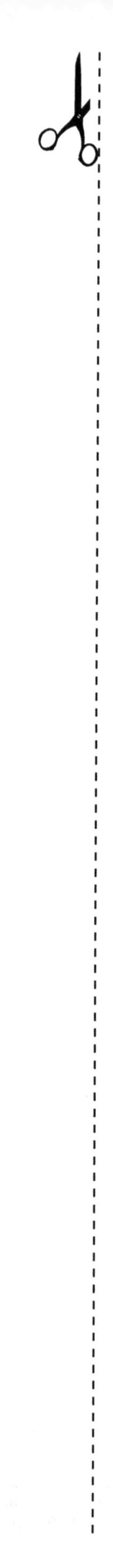

Einen Türhänger basteln

Sie benötigen:
1. Fester Karton oder Bastelpapier
2. Farbe, Filzstifte oder Buntstifte
3. Eine Schere (nur für Erwachsene)
4. Extrastarke Klebestifte oder Klebeband

Anleitung:

1. Kopieren (oder drucken Sie) die Schablonen für die Türhänger und kleben Sie sie auf festen Karton. Warten Sie, bis der Kleber getrocknet ist, und schneiden Sie dann jede Vorlage aus.
2. Malen Sie die Kreise mit den Früchten aus und schneiden Sie sie aus. Kleben Sie die Kreise auf die Türhänger. Schreibe den Namen von jeweils einer Frucht des Geistes neben jeden Kreis.
3. Erstellen Sie einen umdrehbaren Türhänger, indem Sie zwei Schablonen Rücken an Rücken zusammenkleben.
4. Wenn die Schüler ihre Türhänger fertiggestellt haben, laminieren oder versiegeln Sie jeden Türhänger mit durchsichtigen Laminierfolien.

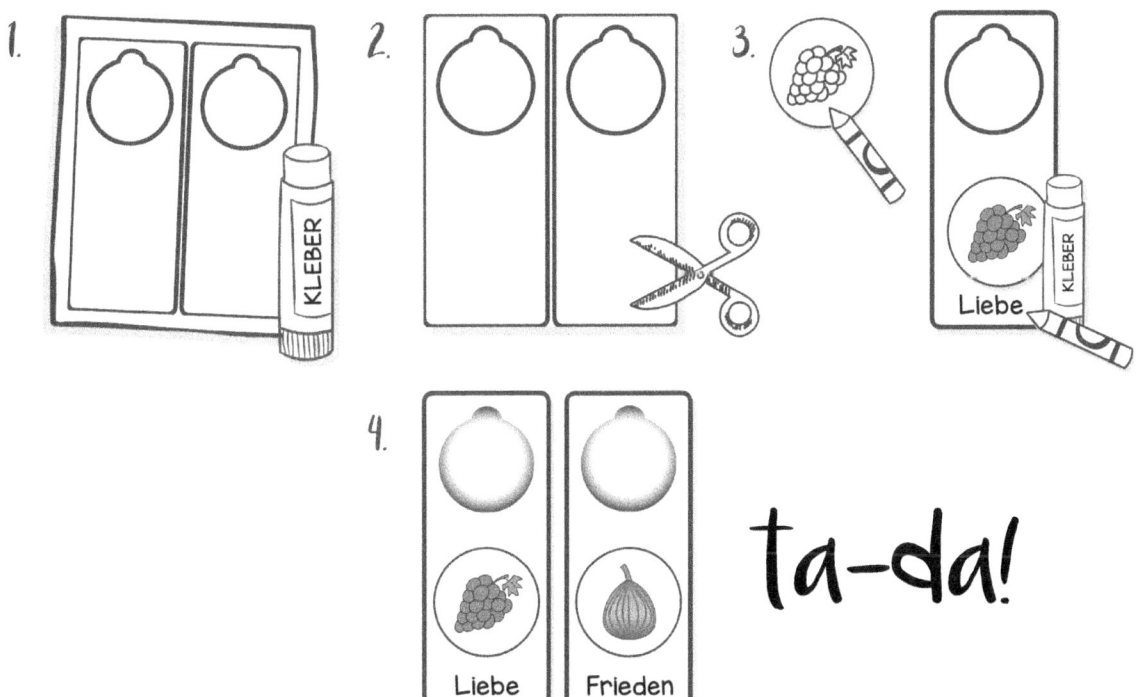

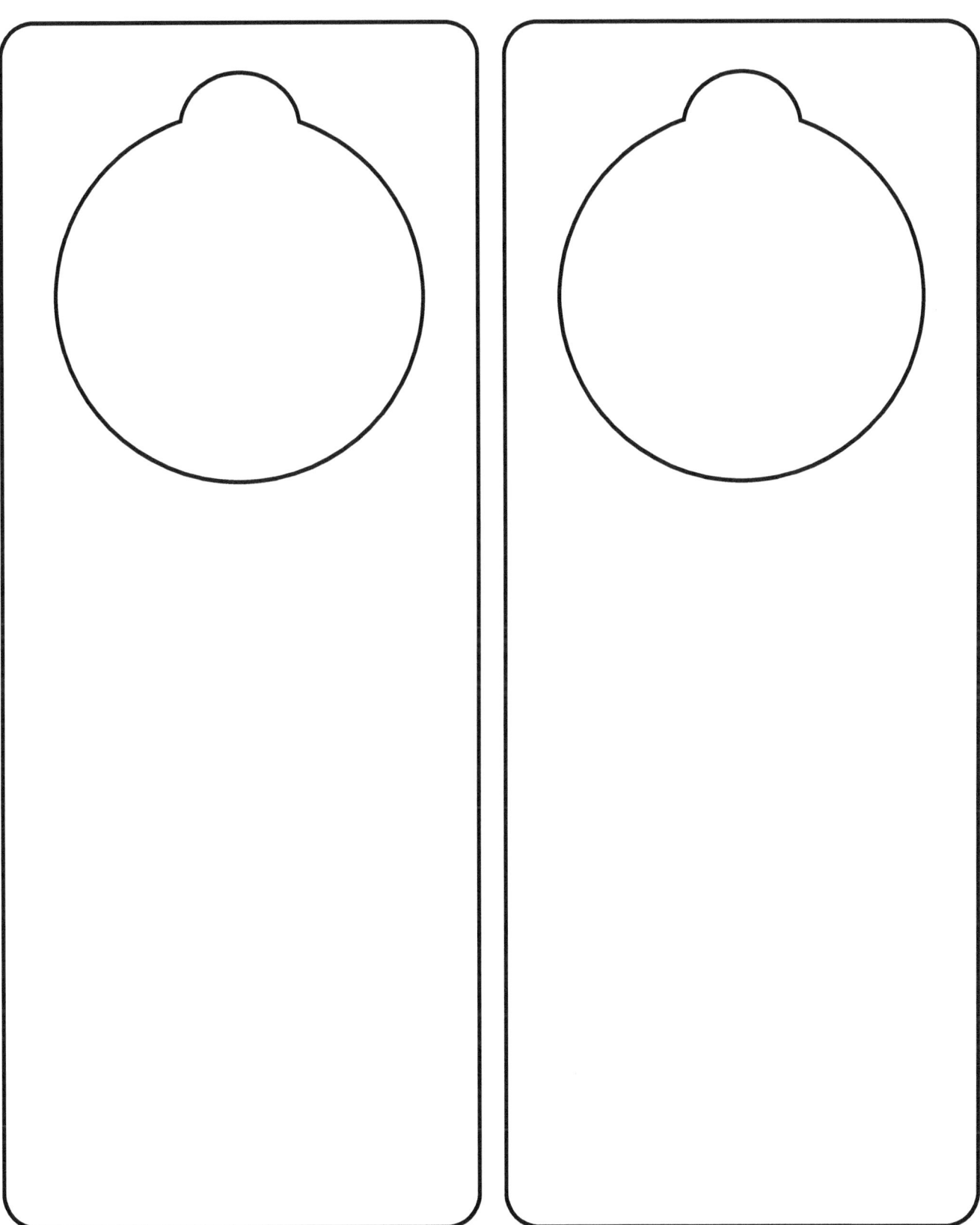

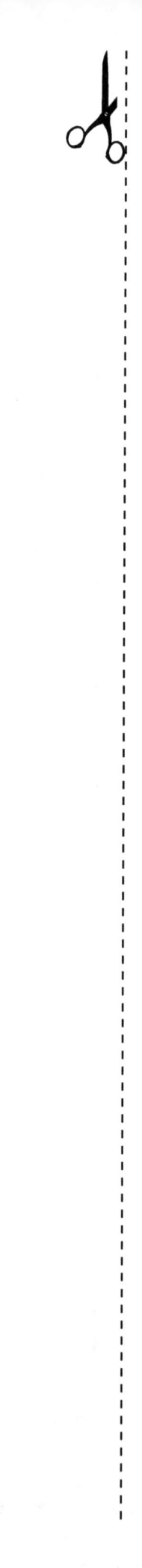

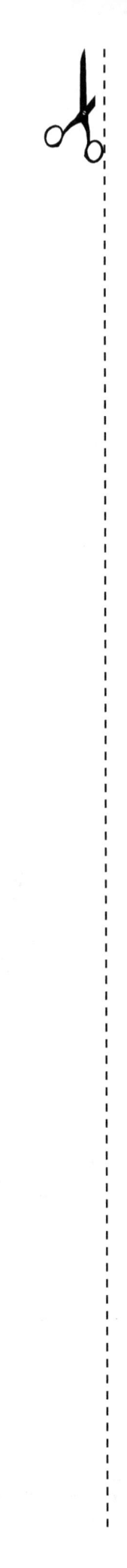

Einen Obstkorb basteln

Sie benötigen:
1. Zwei dicke Pappteller (die stabile Sorte mit einem „Rand" verwenden)
2. Fester Karton
3. Braune Farbe oder Buntstifte
4. Die Vorlage „Frucht des Geistes" (siehe folgende Seiten)
5. Eine Schere (nur für Erwachsene)
6. Extrastarke Klebestifte oder Schulkleber

Anleitung:

1. Schneiden Sie einen der Pappteller in zwei Hälften. Verwenden Sie die konkave Seite für die Vorderseite des Obstkorbs.
2. Machen Sie einen Griff, indem Sie einen weiteren Pappteller halbieren und am Rand einen Griff stehen lassen. Kleben Sie beiden Seiten zusammen. Malen Sie die Pappteller braun aus.
3. Während der Pappteller trocknet, bitten Sie die Kinder, die Früchte auszumalen. Schreiben Sie eine Frucht des Geistes auf die Rückseite jedes Stücks Frucht.
4. Legen Sie die Früchte in den Korb. Verwenden Sie die Früchte, um den Kindern zu helfen, sich an die Früchte des Geistes zu erinnern.

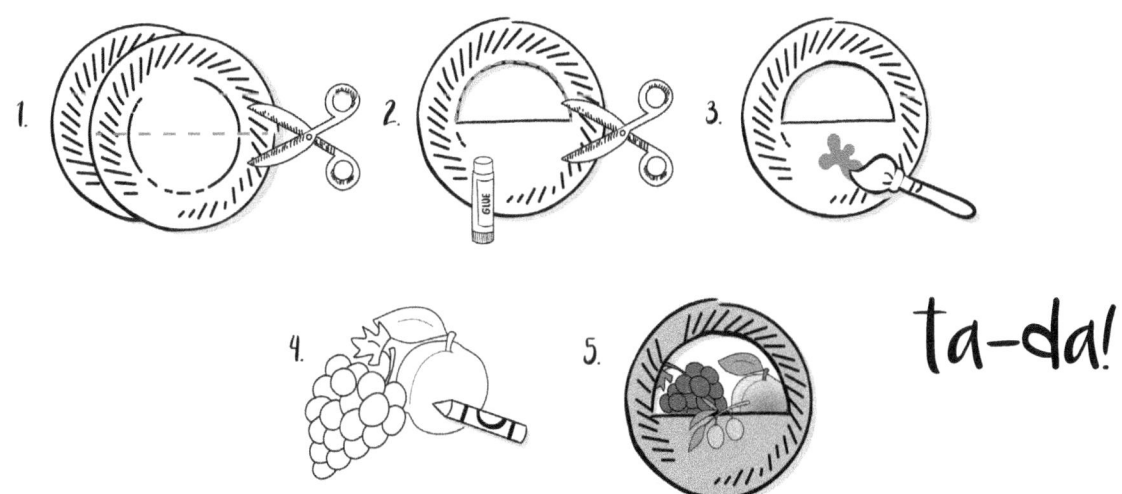

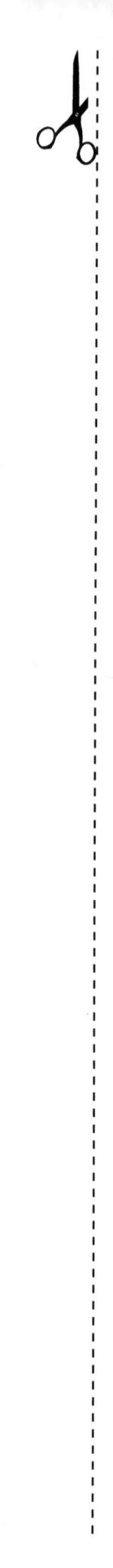

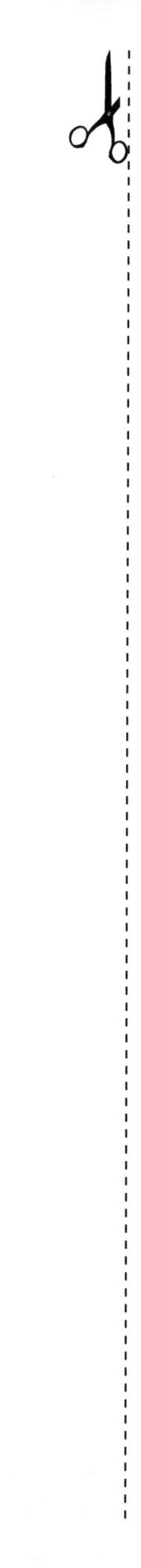

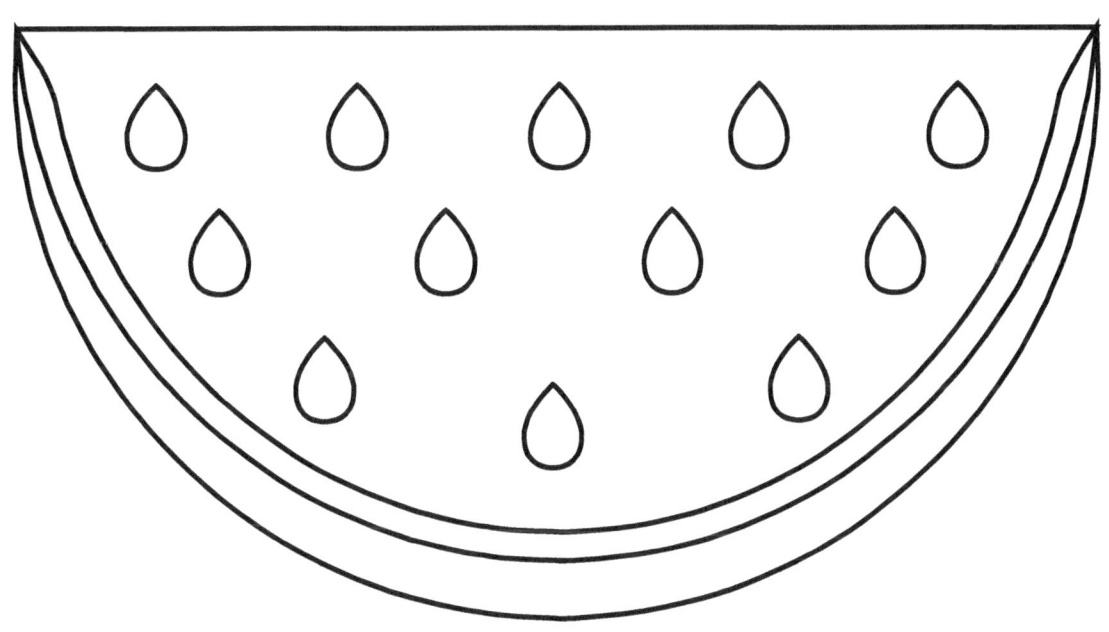

FREUNDLICHKEIT ZERTIFIKAT

FREUNDLICHKEIT!

Dieses Zertifikat wird verliehen an:

....

FÜR

....

....
UNTERSCHRIFT   DATUM

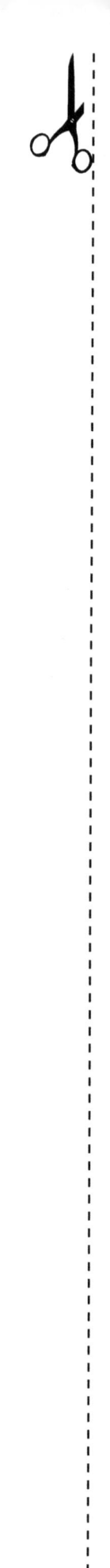

Karten-Sequenz

Lies Galater 5,22-23. Schneide die Karten aus und bringe sie in die richtige Reihenfolge.

FREUDE

FREUNDLICHKEIT

SELBSTBEHERRSCHUNG

TREUE

LIEBE

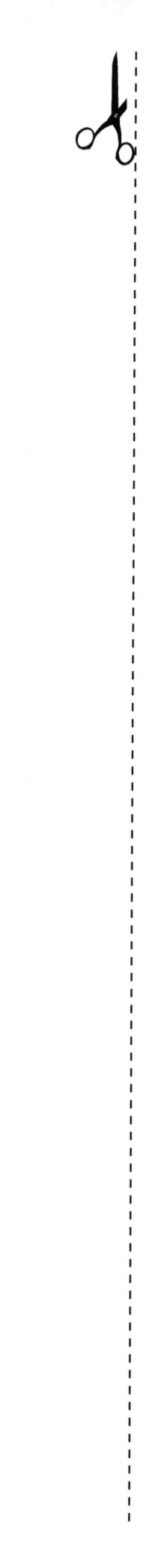

 **FRIEDEN**

 **SANFTMUT**

 **GÜTE**

 **GEDULD**

FRUCHT DES GEISTES

Ein Lapbook basteln

Sie benötigen:
1. Eine Mappe im Format 8" x 10" (oder A4)
2. Mini-Hefte zur Frucht des Geistes (siehe nächste Seiten)
3. Farbe, Filzstifte oder Buntstifte
4. Eine Schere
5. Extrastarke Klebestifte oder Klebeband

Anleitung:

1. Verwenden Sie eine Mappe im Format 8" x 10" (oder A4).
2. Öffnen Sie die Mappe und streichen Sie sie glatt.
3. Finden Sie die Mitte der rechten Seite der Mappe und falten Sie sie der Länge nach entlang der Mittellinie auf der rechten Seite.
4. Finden Sie die Mitte der linken Seite der Mappe und falten Sie sie der Länge nach entlang der Mittellinie auf der linken Seite. Beide Seiten sollten sich in der Mitte treffen.
5. Geben Sie jedem Kind eine Kopie der Vorlagen für die Frucht des Geistes (siehe folgende Seiten) und bitten Sie sie, die neun Mini-Hefte auszuschneiden und zu gestalten. Schreiben Sie in jedes Heftchen einen Bibelvers, der zu dieser Frucht des Geistes passt. (Vorschläge für Bibelverse gibt es im Lösungsschlüssel.)
6. Bitten Sie die Kinder, die Mini-Hefte in ihre Lapbooks zu kleben.

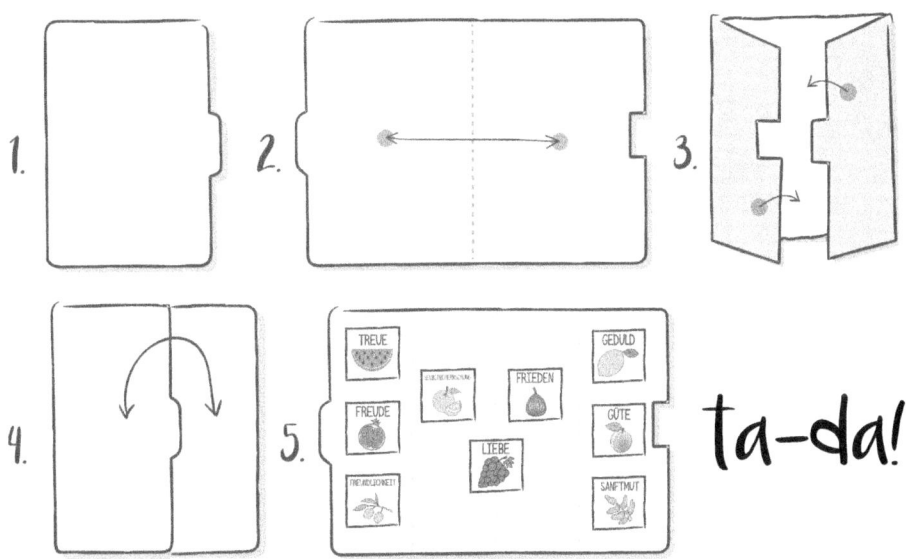

	TREUE
	FREUDE
	FREUNDLICHKEIT

	SELBSTBEHERRSCHUNG
	LIEBE
	FRIEDEN

	GEDULD
	GÜTE
	SANFTMUT

Errate den Bibelvers

Sie benötigen:
1. Fester Karton
2. Stifte oder Filzstifte
3. Eine Schere (nur für Erwachsene)
4. Extrastarke Klebestifte oder Klebeband

Anleitung:

1. Wählen Sie einen Bibelvers aus und drucken Sie dann die gleiche Anzahl von Feigenvorlagen wie Wörter im Bibelvers aus.
2. Schneiden Sie jedes Feigenstück vorsichtig aus.
3. Falten Sie das untere Ende des Stücks nach oben, so dass es sich vor dem Bild der Feige befindet.
4. Schreiben Sie ein Wort des Bibelverses auf die Unterseite jedes Feigenstücks.
5. Stellen Sie die Feigenstücke in eine Reihe. Lassen Sie Ihre Schüler einen Ball auf jedes Feigenstück werfen, um ein Wort zu enthüllen. Setzen Sie das Spiel fort, bis alle Feigenstücke umgeworfen wurden und die Schüler den Bibelvers lesen können.

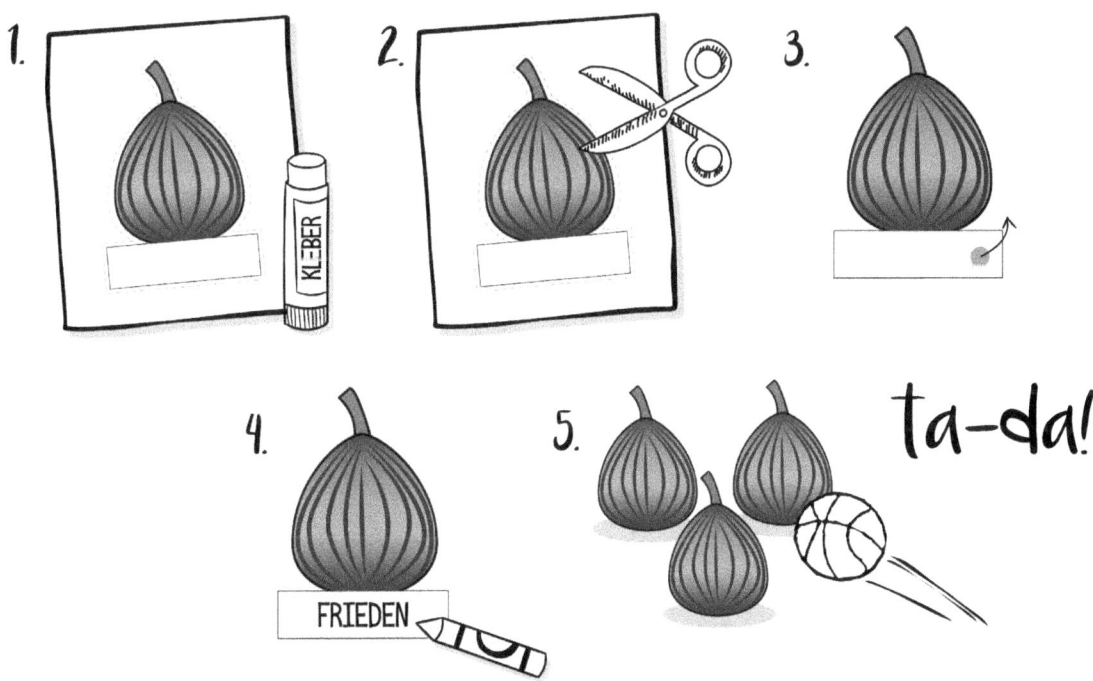

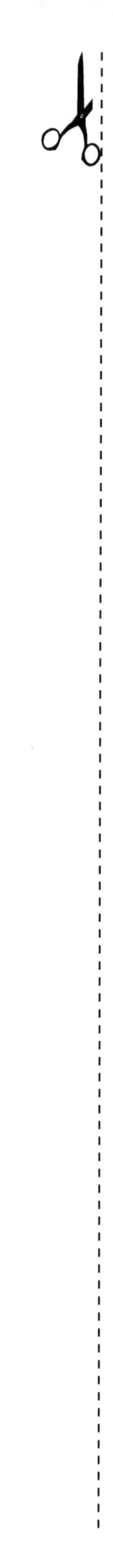

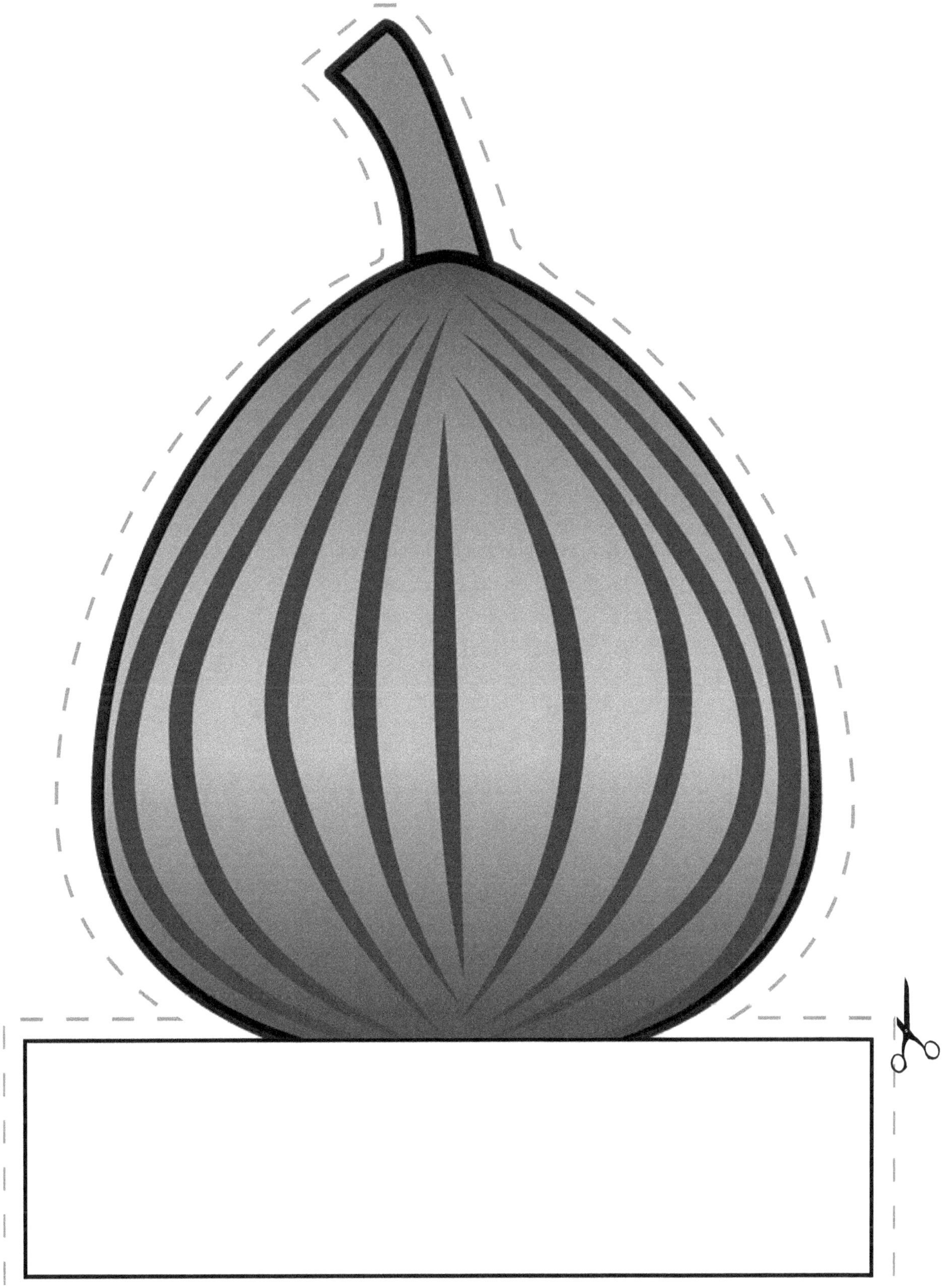

Frucht des Geistes - Übungsbuch

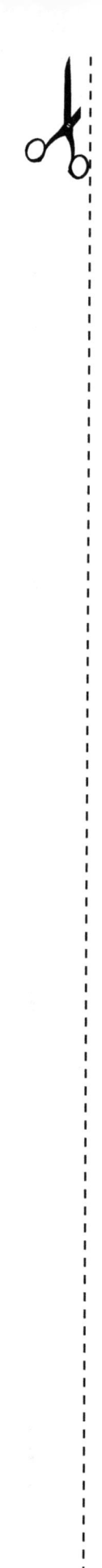

Güte

"Nur Güte und Gnade werden mir folgen mein Leben lang, und ich werde bleiben im Haus des Herrn immerdar."
(Psalm 23,6)

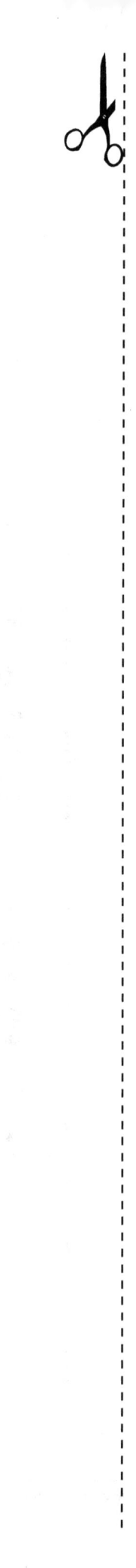

LÖSUNGEN

Lektion 1: Liebe
Rückblick:
1. Bitten Sie die Schüler, diese Frage zu beantworten
2. Bitten Sie die Schüler, diese Frage zu beantworten
3. Bitten Sie die Schüler, diese Frage zu beantworten
4. Der Samariter hielt am Straßenrand an, verband die Wunden des Reisenden, brachte ihn in eine Herberge und bezahlte den Wirt, damit er sich um den Mann kümmerte
5. Bitten Sie die Schüler, diese Frage zu beantworten

Lückentext: Der barmherzige Samariter
„Der Gesetzesgelehrte aber wollte sich selbst rechtfertigen und sprach zu Jeschua (Jesus): Und wer ist mein Nächster? Da erwiderte Jeschua und sprach: Es ging ein Mensch von Jerusalem nach Jericho hinab und fiel unter die Räuber; die zogen ihn aus und schlugen ihn und liefen davon und ließen ihn halbtot liegen, so wie er war. Es traf sich aber, dass ein Priester dieselbe Straße hinabzog; und als er ihn sah, ging er auf der anderen Seite vorüber. Ebenso kam auch ein Levit, der in der Gegend war, sah ihn und ging auf der anderen Seite vorüber. Ein Samariter aber kam auf seiner Reise in seine Nähe, und als er ihn sah, hatte er Erbarmen; und er ging zu ihm hin, verband ihm die Wunden und goss Öl und Wein darauf, hob ihn auf sein eigenes Tier, führte ihn in eine Herberge und pflegte ihn. Und am anderen Tag, als er fortzog, gab er dem Wirt zwei Denare und sprach zu ihm: Verpflege ihn! Und was du mehr aufwendest, will ich dir bezahlen, wenn ich wiederkomme. Welcher von diesen Dreien ist deiner Meinung nach nun der Nächste dessen gewesen, der unter die Räuber gefallen ist? Er sprach: Der, welcher die Barmherzigkeit an ihm geübt hat! Da sprach Jeschua zu ihm: So geh du hin und handle ebenso!"

Bibelquiz: Der barmherzige Samariter
1. Ein Gesetzesgelehrter (Thora-Lehrer)
2. „Du sollst den Herrn, deinen Gott, lieben mit deinem ganzen Herzen und mit deiner ganzen Seele und mit deiner ganzen Kraft und mit deinem ganzen Denken, und deinen Nächsten wie dich selbst!" (5. Mose 6,5)
3. Nach Jericho
4. Er wurde ausgeraubt und verprügelt
5. Ein Priester
6. Ein Levit
7. Ein Samariter
8. Säuberte seine Wunden und bezahlte einen Gastwirt, der sich um ihn kümmerte
9. Zwei Denare
10. „Der, welcher die Barmherzigkeit an ihm geübt hat."

Bibel-Wortsuche: Der barmherzige Samariter

Malvorlage: Wenn du Mich liebst...
1. Liebe Gott mit deinem ganzen Herzen, deiner ganzen Seele und deinem ganzen Denken
2. Den Pharisäern
3. Indem wir seine Gebote befolgen

Lektion 2: Freude
Rückblick:
1. Paulus und Silas wurden ins Gefängnis geworfen
2. Sie lobten Gott mit Gesang und beteten
3. Der Kerkermeister nahm sie mit nach Hause und versorgte sie
4. Bitten Sie die Schüler, diese Frage zu beantworten
5. Bitten Sie die Schüler, diese Frage zu beantworten

Lückentext: Erdbeben!
„Um mitternacht aber beteten Paulus und Silas und lobten Gott mit Gesang, und die Gefangenen hörten ihnen zu. Da entstand plötzlich ein großes Erdbeben, so dass die Grundfesten des Gefängnisses erschüttert wurden, und sogleich öffneten sich alle Türen, und die Fesseln aller wurden gelöst. Da erwachte der Kerkermeister aus dem Schlaf, und als er die Türen des Gefängnisses geöffnet sah, zog er sein Schwert und wollte sich töten, weil er meinte, die Gefangenen seien entflohen. Aber Paulus rief mit lauter Stimme und sprach: Tu dir kein Leid an; denn wir sind alle hier! Da forderte er ein Licht, sprang hinein und fiel zitternd vor Paulus und Silas nieder. Und er führte sie heraus und sprach: Ihr Herren, was muss ich tun, dass ich gerettet werde? Sie aber sprachen: Glaube an den Herrn Jesus Christus (Jeschua), so wirst du gerettet werden, du und dein Haus! Und sie sagten ihm das Wort des Herrn und

allen, die in seinem Haus waren. Und er nahm sie zu sich in jener Stunde der Nacht und wusch ihnen die Striemen; und er ließ sich auf der Stelle taufen, er und all die Seinen. Und er führte sie in sein Haushalt, setzte ihnen ein Mahl vor und freute sich, dass er mit seinem ganzen Haus an Gott gläubig geworden war."

Bibel-Quiz: Paulus & Silas im Gefängnis
1. Philippi
2. Sie wurden in den Stock (ein schweres Holzgestell) geschlossen
3. Sie beteten und sangen Lieder zu Gott
4. Ein Erdbeben
5. Er dachte, die Gefangenen seien geflohen
6. Um ihre Wunden zu waschen und das Wort Gottes zu hören
7. Weil sie an Gott glaubten
8. Sie erfuhren, dass Paulus ein römischer Bürger war
9. Entschuldigten sich bei Paulus und baten ihn, die Stadt zu verlassen
10. Lydia

Bibel-Wortsuche: Paulus & Silas im Gefängnis

Karte: Das Römische Reich
1. Europa, Afrika, Asien
2. Portugal, England, Spanien, Italien, Frankreich, Schweiz, Ägypten, Israel, Türkei, Syrien, Griechenland, Spanien, Belgien

Bibel-Worträtsel: Warum hat sich der Kerkermeister aus Philippi gefreut?
Und er freute sich, dass er mit seinem ganzen Haus an Gott gläubig geworden war.

Malvorlage: Freudiges Fest
1. Zehn Drachmen
2. Die Frau rief ihre Freundinnen und Nachbarinnen zusammen und freute sich
3. Vor den Engeln Gottes

Lektion 3: Frieden
Rückblick:
1. So konnten sie Daniel in Schwierigkeiten bringen
2. Er betete weiter zu Gott
3. Die Minister erzählten dem König, was sie gesehen hatten
4. Nein, der König wollte Daniel nicht in die Löwengrube werfen. Er war Daniels Freund
5. Bitten Sie die Kinder, diese Frage zu beantworten

Lückentext: Daniel und die Löwen
Da befahl der König, dass man Daniel herbringe und in die Löwengrube werfe. Der König begann und sprach zu Daniel: Dein Gott, dem du ohne Unterlass dienst, der rette dich! Und man brachte einen Stein und legte ihn auf die Öffnung der Grube, und der König versah ihn mit seinem Siegel und mit dem Siegel seiner Gewaltigen, damit in der Sache Daniels nichts geändert werde. Dann zog sich der König in seinen Palast zurück, und er verbrachte die Nacht fastend und ließ keine Frauen zu sich führen, und der Schlaf floh von ihm. Beim Anbruch der Morgenröte aber stand der König auf und begab sich rasch zur Löwengrube. Und als er sich der Grube näherte, rief er Daniel mit angstvoller Stimme. Der König begann und sprach zu Daniel: Daniel, du Knecht des lebendigen Gottes, hat dein Gott, dem du ohne Unterlass dienst, dich von den Löwen retten können? Da sprach Daniel zu dem König: O König, mögest du ewig leben! Mein Gott hat seinen Engel gesandt und den Rachen der Löwen verschlossen, dass sie mir kein Leid zufügten, weil vor ihm meine Unschuld offenbar war und ich auch dir gegenüber, o König, nichts Böses verübt habe! Da wurde der König sehr froh und befahl, Daniel aus der Grube heraufzuziehen. Als man aber Daniel aus der Grube heraufgebracht hatte, fand sich keine Verletzung an ihm; denn er hatte seinem Gott vertraut.

Bibel-Quiz: Daniel und die Löwen
1. Darius
2. Er wollte ihn zu einem hohen Beamten über das ganze Königreich machen
3. Weil Daniel treu war und kein Fehler an ihm gefunden wurde
4. Eine Gruppe von Ministern und Satrapen
5. Daniel wurde in die Höhle der Löwen geworfen
6. Für das Beten zu Jahwe, dem Gott von Abraham, Isaak und Jakob
7. Darius
8. Mit einem großen Stein
9. Ein Engel Gottes verschloss den Rachen der Löwen
10. Weil Daniel Gott vertraute

Bibel-Wortsuche: Daniel und die Löwen

Malvorlage: Großer Frieden...
1. Gottes Gesetz (Thora)
2. Sie machen ihn weiser als seine Feinde
3. So konnte David die Wunder in Gottes Gesetz sehen

Bibelvers-Rätsel: Wer hat großen Frieden?
„Großen Frieden haben, die dein Gesetz lieben, und nichts bringt sie zu Fall." (Psalm 119,165)

Lektion 4: Geduld
Rückblick:
1. Bitten Sie die Kinder, diese Frage zu beantworten
2. Ägypten wird sieben Jahre des Überflusses haben, gefolgt von sieben Jahren der Hungersnot
3. Der Pharao glaubte, dass Joseph weise und scharfsinnig war - der Geist Gottes lebte in Joseph
4. Bitten Sie die Kinder, diese Frage zu beantworten
5. Josephs Glaube an Gott war stark

Lückentext: Josephs Aufstieg zur Macht
„Und der Pharao sprach zu seinen Knechten: Können wir einen Mann finden wie diesen, in dem der Geist Gottes ist? Und der Pharao sprach zu Joseph: Nachdem Gott dir dies alles mitgeteilt hat, ist keiner so verständig und weise wie du. Du sollst über mein Haus sein, und deinem Befehl soll mein ganzes Volk gehorchen; nur um den Thron will ich höher sein als du! Und der Pharao sprach zu Joseph: Siehe, ich setze dich über das ganze Land Ägypten! Und der Pharao nahm den Siegelring von seiner Hand und steckte ihn an die Hand Josephs, und er bekleidete ihn mit weißer Leinwand und legte eine goldene Kette um seinen Hals; und er ließ ihn auf seinem zweiten Wagen fahren; und man rief vor ihm aus: »Beugt eure Knie!« Und so wurde er über das ganze Land Ägypten gesetzt. Und der Pharao sprach zu Joseph: Ich bin der Pharao, aber ohne dich soll niemand im ganzen Land Ägypten die Hand oder den Fuß erheben! Und der Pharao gab Joseph den Namen Zaphenat-Paneach und gab ihm Asnath zur Frau, die Tochter Potipheras, des Priesters von On. Und Joseph zog aus durch das ganze Land Ägypten. Und Joseph war 30 Jahre alt, als er vor dem Pharao, dem König von Ägypten, stand."

Bibel-Quiz: Joseph
1. Potiphar
2. Die anderen Gefangenen
3. Seinen obersten Mundschenk und seinen Bäcker
4. Er hielt ein Festmahl für seine Knechte
5. Der oberste Mundschenk
6. Er deutete seine Träume
7. Der Pharao gab Joseph seinen Siegelring, Leinenkleider, eine goldene Kette und eine Frau
8. Dreißig Jahre alt
9. Asnath, die Tochter des Potiphera, des Priesters von On
10. Land Ägypten

Bibel-Wortsuche: Joseph in Ägypten

Arbeitsblatt zum Verständnis: Träume im alten Ägypten
1. Die Ägypter nutzten ihre Träume, um Krankheiten zu heilen, wichtige Entscheidungen zu treffen und sogar um zu entscheiden, wo sie einen Tempel bauen oder wann sie eine Schlacht schlagen sollten
2. Die Ägypter waren so sehr an der Bedeutung ihrer Träume interessiert, dass sie sogar Tempel wie den Horus-Tempel in Edfu hatten, in denen sie sich in „Traumbetten" legten und hofften, im Traum einen Rat, Trost oder Heilung zu erhalten
3. Häufige Bilder waren zerbrochene Steine, ausfallende Zähne, Ertrinken im Nil, Trinken von warmem Bier und Essen von Weißbrot. Ein Traumbuch wurde im Dorf Deir el-Medina, in der Nähe des Tals der Könige, entdeckt. Es enthält eine Liste von Träumen, die Tätigkeiten wie Hämmern, Brauen, Weben, Besichtigen, Rühren und Verputzen beschreiben

Malvorlage: Frucht des Geistes

„Die Frucht des Geistes aber ist Liebe, Freude, Friede, Langmut, Freundlichkeit, Güte, Treue, Sanftmut, Selbstbeherrschung. Gegen solche Dinge gibt es kein Gesetz." (Galater 5,22-23)

Lektion 5: Freundlichkeit
Rückblick:
1. In einem Haus in Kapernaum
2. Das Haus war so voll, dass die Männer ihren gelähmten Freund nicht durch die Tür bringen konnten
3. Eine Gruppe von Schriftgelehrten
4. Sie glauben nicht, dass Jeschua der Sohn Gottes war
5. Jeschua heilte einen gelähmten Mann

Lückentext: Heilung eines Gelähmten

„Und nach etlichen Tagen ging er wieder nach Kapernaum; und als man hörte, dass er im Haus sei, da versammelten sich sogleich viele, so dass kein Platz mehr war, auch nicht draußen bei der Tür; und er verkündigte ihnen das Wort. Und etliche kamen zu ihm und brachten einen Gelähmten, der von vier Leuten getragen wurde. Und da sie wegen der Menge nicht zu ihm herankommen konnten, deckten sie dort, wo er war, das Dach ab, und nachdem sie es aufgebrochen hatten, ließen sie die Liegematte herab, auf welcher der Gelähmte lag. Als aber Jeschua (Jesus) ihren Glauben sah, sprach er zu dem Gelähmten: Sohn, deine Sünden sind dir vergeben! Es saßen aber dort etliche von den Schriftgelehrten, die dachten in ihren Herzen: Was redet dieser solche Lästerung? Wer kann Sünden vergeben als nur Gott allein? Und sogleich erkannte Jeschua (Jesus) in seinem Geist, dass sie so bei sich dachten, und sprach zu ihnen: Warum denkt ihr dies in euren Herzen? Was ist leichter, zu dem Gelähmten zu sagen: Dir sind die Sünden vergeben! oder zu sagen: Steh auf und nimm deine Liegematte und geh umher? Damit ihr aber wisst, dass der Sohn des Menschen Vollmacht hat, auf Erden Sünden zu vergeben – sprach er zu dem Gelähmten: Ich sage dir, steh auf und nimm deine Liegematte und geh heim! Und er stand sogleich auf, nahm seine Liegematte und ging vor aller Augen hinaus, so dass sie alle erstaunten, Gott priesen und sprachen: So etwas haben wir noch nie gesehen!"

Bibel-Quiz: Der gelähmte Mann
1. Kapernaum
2. Es versammelten sich so viele, dass kein Platz mehr im Haus war
3. Er lehre das Wort (die heiligen Schriften)
4. Vier Männer
5. Weil das Haus, in dem Jeschua lehrte, zu voll war
6. Sie öffneten das Dach und ließ den Gelähmten zu Ihm hinunter
7. „Sohn, deine Sünden sind dir vergeben."
8. Die Schriftgelehrten
9. „Ich sage dir, steh auf und nimm deine Liegematte und geh heim!"
10. Sie waren alle erstaunt und priesen Gott und sagten: „So etwas haben wir noch nie gesehen!"

Bibel-Wortsuche: Heilung eines Gelähmten

Malvorlage: Davids Freundlichkeit
1. Mephiboset
2. König David gab ihm die Felder seines Großvaters Saul zurück. Außerdem konnte er immer an der Tafel des Königs essen.
3. Aufgrund von Davids Freundschaft mit Jonathan (Sauls Sohn)

Malvorlage/ Quiz: Die Freundlichkeit des Boas
1. Boas
2. Boas erlaubte Ruth, Korn von seinem Feld zu sammeln und das Wasser seiner Knechte zu trinken
3. Geröstetes Korn

Lektion 6: Güte
Rückblick:
1. Ein Teil der Thora
2. Er erkannte, dass die Israeliten die Thora nicht ehrten und Gottes Gebote nicht hielten
3. Ein falsches Götzenbild ist etwas, von dem man glaubt, dass es wichtiger ist als Gott. Es kann auch ein Gegenstand sein, z. B. Baal, Aschera, etc.
4. Er zeigte Reue, zerstörte, was in den Augen Gottes böse und verwerflich war, und führte das Volk dazu, anzufangen, Gottes Anweisungen/ Gebote zu befolgen
5. Bitten Sie die Kinder, diese Frage zu beantworten

Lückentext: König Josia

König Josia aber trat auf das Podium und machte einen Bund vor dem Herrn, dass sie dem Herrn nachwandeln und seine Gebote, seine Zeugnisse und seine Satzungen befolgen sollten von ganzem Herzen und von ganzer Seele, um die Worte dieses Bundes auszuführen, die in diesem Buch geschrieben standen. Und das ganze Volk trat in den Bund. Und der König gebot dem Hohenpriester Hilkija und den Priestern der zweiten Ordnung und den Hütern der Schwelle, dass sie aus der Tempelhalle des Herrn alle Geräte entfernen sollten, die man dem Baal und der Aschera und dem ganzen Heer des Himmels gemacht hatte; und er verbrannte sie draußen vor Jerusalem, auf den Feldern des Tales Kidron, und brachte ihren Staub nach Bethel. Und er beseitigte die Götzenpriester, die die Könige von Juda eingesetzt hatten und die auf den Höhen, in den Städten Judas und um Jerusalem her räucherten; auch die, welche dem Baal, der Sonne und dem Mond und den Sternbildern und dem ganzen Heer des Himmels räucherten. Er ließ auch das Aschera-Standbild aus dem Haus des Herrn hinausbringen außerhalb von Jerusalem, ins Tal Kidron, und er verbrannte es im Tal Kidron und zermalmte es zu Staub und warf seinen Staub auf die Gräber des gewöhnlichen Volkes.

Bibel-Quiz: König Josia

1. Acht Jahre alt
2. Amon
3. Holz und Stein
4. Hilkija, der Hohepriester
5. Schaphan
6. Er zerriss seine Kleider
7. Räucheraltäre, Altäre der Baals und Aschera-Standbilder
8. Das Pessach-Mahl
9. Das Volk trat in den Bund ein
10. Im Tal Kidron

Bibel-Wortsuche: König Josia

Arbeitsblatt zum Verständnis: Höhenheiligtümer

1. Ein Höhenheiligtum war eine Erhebung oder ein Altar auf niedrigem Land, z. B. in einem Tal. Heiligtümer umfassten oft einen Altar und ein heiliges Objekt wie eine Steinsäule oder einen Holzpfahl in verschiedenen Formen
2. Abram (Abraham), Jakob und Salomo

Malvorlage: Hiskia

1. Er setzte die Priester Gottes wieder ein
2. Er brachte Menschen aus ganz Israel zum Pessach-Fest
3. Er entfernte die Götzenbilder

Worträtsel: Wer ist gut?

Denn der Herr ist gut; seine Gnade währt ewiglich und seine Treue von Geschlecht zu Geschlecht.

Lektion 7: Treue
Rückblick:

1. Gott versprach, Abraham zu einem großen Volk zu machen
2. Abraham gehorchte Gott
3. Gott segnete Abraham in hohem Alter mit einem Sohn. Und Gott hielt sein Versprechen, aus Abraham ein großes Volk zu machen
4. Bitten Sie die Kinder, diese Frage zu beantworten
5. Bitten Sie die Kinder, diese Frage zu beantworten

Lückentext: Der treue Diener

Der Gott der Herrlichkeit erschien unserem Vater Abraham, als er in Mesopotamien war, bevor er in Haran wohnte, und sprach zu ihm: „Geh hinaus aus deinem Land und aus deiner Verwandtschaft und zieh in das Land, das ich dir zeigen werde!" Da ging er aus dem Land der Chaldäer und wohnte in Haran. Und nach dem Tod seines Vaters führte er ihn von dort herüber in dieses Land, das ihr jetzt bewohnt. Und er gab ihm kein Erbteil darin, auch nicht einen Fußbreit, und verhieß, es ihm zum Eigentum zu geben und seinem Samen nach ihm, obwohl er kein Kind hatte. Gott sprach aber so: „Sein Same wird ein Fremdling sein in einem fremden Land, und man wird ihn knechten und übel behandeln 400 Jahre lang. Und das Volk, dem sie als Knechte dienen sollen, will ich richten," sprach Gott; „und danach werden sie ausziehen und mir dienen an diesem Ort." Und er gab ihm den Bund der Beschneidung. Und so zeugte er den Isaak und beschnitt ihn am achten Tag, und Isaak den Jakob, und Jakob die zwölf Patriarchen.

Bibel-Quiz: Abraham

1. Haran
2. Terach
3. Sarai (Sarah)
4. Das Land Kanaan
5. Er kämpfte, um ihn zu retten

6. Brot und Wein
7. Vater vieler Völker
8. 100 Jahre
9. Isaak
10. Das Land Ägypten

Bibel-Wortsuche: Treue

Malvorlage: Treue Freunde
1. König Saul
2. Jonathan sprach gut über David zu Saul
3. Sie machten einen Bund

Malvorlage/ Quiz: Davids Treue
1. David hat Saul nicht getötet
2. Einen Speer und ein Wasserkrug
3. „Gesegnet seist du, mein Sohn David! Du wirst es gewiss tun und vollenden!"

Lektion 8: Sanftmut
Rückblick:
1. Aaron und Mirjam waren Moses Geschwister
2. Sie waren verärgert, dass Mose eine kuschitische Frau geheiratet hatte
3. Bitten Sie die Kinder, diese Frage zu beantworten
4. Zur Strafe dafür, dass er gegen Mose gesprochen hatte
5. Bitten Sie die Kinder, diese Frage zu beantworten (Mose zeigte Zurückhaltung, als er von seiner eigenen Familie verbal angegriffen wurde)

Lückentext: Aaron und Mirjam widersetzen sich Mose
Mirjam aber und Aaron redeten gegen Mose wegen der Kuschitischen Frau, die er genommen hatte; denn er hatte eine Kuschitin zur Frau genommen. Und sie sprachen: Redet denn der Herr allein zu Mose? Redet er nicht auch zu uns? Und der Herr hörte es. Aber Mose war ein sehr sanftmütiger Mann, sanftmütiger als alle Menschen auf Erden. Da sprach der Herr plötzlich zu Mose und zu Aaron und zu Mirjam: Geht ihr drei hinaus zur Stiftshütte! Und sie gingen alle drei hinaus. Da kam der Herr in der Wolkensäule herab und trat an den Eingang der Stiftshütte, und er rief Aaron und Mirjam, und die beiden gingen voraus. Und er sprach: Hört doch meine Worte: Wenn jemand unter euch ein Prophet des Herrn ist, dem will ich mich in einem Gesicht offenbaren, oder ich will in einem Traum zu ihm reden. Aber nicht so mein Knecht Mose: er ist treu in meinem ganzen Haus. Mit ihm rede ich von Mund zu Mund, von Angesicht zu Angesicht und nicht rätselhaft, und er schaut die Gestalt des Herrn. Warum habt ihr euch denn nicht gefürchtet, gegen meinen Knecht Mose zu reden? Und der Zorn des Herrn entbrannte über sie, und er ging.

Bibel-Quiz: Aaron und Mirjam widersetzen sich Mose
1. Bruder und Schwester
2. Mose hatte eine kuschitische (äthiopische) Frau geheiratet
3. Alle Menschen auf der Erde
4. In der Stiftshütte (Zelt der Begegnung)
5. In einer Wolkensäule
6. Von Angesicht zu Angesicht (deutlich) und nicht rätselhaft
7. Sie wurde aussätzig
8. Mirjam zu heilen
9. Er sagte Mose, dass Mirjam aus dem Lager ausgeschlossen werden sollte
10. Sieben Tage

Bibel-Wortsuche: Sanftmut

Arbeitsblatt zum Verständnis: Die Stiftshütte
1. Das Heilige und Allerheiligste
2. Die Aufgabe der Leviten

Kreatives Schreiben: Sanftmut
Vorgeschlagene Antworten:
Matthäus 11,28-30, 2. Korinther 10,1, Kolosser 3,12-15, Psalm 18,35, Galater 5,22-23, Galater 6,1, Epheser 4,2 und Jesaja 40,11 (Schlachter-Bibel).

Bibel-Basteln: Gestalte dein eigenes Lapbook
Vorgeschlagene Bibelverse:
Liebe: 1. Korinther 13,4-8
Freude: Galater 5,22-23
Frieden: Johannes 14,27
Geduld: Sprüche 16,32
Freundlichkeit: Kolosser 3,12
Güte: Psalm 73,1
Treue: Matthäus 25,21
Sanftmut: Matthäus 11,29
Selbstbeherrschung: Sprüche 25,28

Lektion 9: Selbstbeherrschung
Rückblick:
1. 3000 Männer
2. David schnitt die Zitzit (Eckquasten) des Gewandes von König Saul ab
3. David hätte König Saul töten können, aber er entschied sich, es nicht zu tun
4. Bitten Sie die Kinder, diese Frage zu beantworten
5. Bitten Sie die Kinder, diese Frage zu beantworten

Lückentext: David verschont das Leben von Saul
Und es geschah, als Saul von der Verfolgung der Philister zurückkehrte, da wurde ihm berichtet: Siehe, David ist in der Wüste von En-Gedi! Und Saul nahm 3000 auserlesene Männer aus ganz Israel und zog hin, um David samt seinen Männern zu suchen, auf den Steinbockfelsen. Und als er zu den Schafhürden am Weg kam, war dort eine Höhle; und Saul ging hinein, um seine Füße zu bedecken. David aber und seine Männer saßen hinten in der Höhle. Da sprachen die Männer Davids zu ihm: Siehe, das ist der Tag, von dem der Herr zu dir gesagt hat: Siehe, ich will deinen Feind in deine Hand geben, dass du mit ihm machst, was dir gefällt! Und David stand auf und schnitt heimlich einen Zipfel von Sauls Obergewand ab. Aber es geschah danach, da schlug ihm sein Herz, weil er den Zipfel von Sauls Obergewand abgeschnitten hatte; und er sprach zu seinen Männern: Das lasse der Herr ferne von mir sein, dass ich so etwas tue und meine Hand an meinen Herrn, den Gesalbten des Herrn, lege; denn er ist der Gesalbte des Herrn! So hielt David seine Männer mit diesen Worten zurück und ließ ihnen nicht zu, sich gegen Saul zu erheben. Saul aber machte sich auf aus der Höhle und ging seines Weges.

Bibel-Quiz: David verschont das Leben von Saul
1. Verfolgung der Philister
2. Dreitausend Männer aus ganz Israel
3. Um seine Füße zu bedecken (d.h. seine Notdurft zu verrichten)
4. Im hinteren Teil der Höhle
5. Er schnitt einen Zipfel (Zitzit) von Sauls Obergewand ab
6. Saul anzugreifen
7. Er neigte sein Angesicht zur Erde und verbeugte sich
8. Er weinte
9. Königreich Israel
10. Saul ging nach Hause und David stieg auf die Bergfeste hinauf

Bibel-Wortsuche: David verschont das Leben von Saul

Malvorlage: David & Saul
1. In einer Höhle
2. Er schnitt einen Zipfel (Zitzit) seines Gewands ab
3. Saul war der von Gott gesalbte König

Arbeitsblatt zum Verständnis: König Saul
1. Sauls Königreich umfasste das Gebiet von Benjamin und das zentrale Hochland von Israel
2. Bitten Sie die Kinder, diese Frage zu beantworten

Bibelvers-Rätsel: Hast du Selbstbeherrschung?
Wie eine Stadt mit niedergerissenen Mauern, so ist ein Mann, der seinen Geist nicht beherrschen kann.

◈◇ WEITERE ÜBUNGSBÜCHER ENTDECKEN! ◇◈

Zu erwerben unter shop.biblepathwayadventures.com

SOFORT DOWNLOADS!

Die Reisen des Paulus - Übungsbuch
Lieblingsgeschichten aus der Bibel – Übungsbuch
Hebräisch lernen: Das Alphabet
Der Sabbat Übungsbuch
Bereschit / 1. Mose
Schemot / 2. Mose
Wajikra / 3. Mose
Frucht des Geistes - Übungsbuch

www.ingramcontent.com/pod-product-compliance
Lightning Source LLC
LaVergne TN
LVHW060314080526
838202LV00053B/4328